Giving Japan 2021

寄付白書

2021

jfra

謝　辞

本白書の発行に当たって、趣旨にご賛同頂き基金にご協力下さった方々です。ここに記して御礼申し上げます（50音順、敬称略）。

名誉発行パートナー（法人）

発行パートナー（法人）

名誉発行パートナー（個人）

イノウエ　ヨシオ　　　鵜尾　雅隆　　　濱村　誠

発行サポーター（法人）

リネットジャパングループ株式会社

発行パートナー（個人）

上西　雄太

浅井　美絵	岸　紀子	佐藤　友則	中島　正彦	増田　陽子
阿部　賢史	北川　力	鈴木　瞳	中原　耕作	松山　亜紀
生田　大五郎	木村　直樹	醍醐　笑部	新矢　浩	宮下　真美
石田　祐	久保　優子	高市　博	一般社団法人 日本承継寄付協会	山崎　健
榎本　友一	小出　静代	高橋　朗	橋本　貴子	山﨑　庸貴
大石　俊輔	古岩井　一彦	高橋　麻子	橋本　正彦	吉田　富士江
太田　裕己	小柴　徳明	竹内　大二	長谷部　文雄	吉原　章喜
大原　律子	齊藤　恵利子	田中　晃子	林　康平	吉見　新
小川　愛	斉藤　千尋	田中　雅也	早瀬　昇	脇坂　誠也
小川　知子	齋藤　直毅	塚本　いづみ	榛木　恵子	税理士法人 TAパートナーズ
沖　尚志	齋藤　弘道	津田　はるな	伴野　誠	
神余　智夫	佐藤　創一	寺本　育男	公認会計士・税理士 福田　秀幸	
鴨崎　貴泰	佐藤　大吾	中川　裕士	ふじぽん	

発行パートナー（個人）

相澤　順也	株式会社学校コミュニケーションネットワークス	高野　夏樹	長谷川　綾	山内　悠太
雨森　孝悦	金谷　重朗	鷹野　凌	堀下　恭平	山北　洋二
伊藤　美歩	河合　将生	高橋　義憲	本郷　順子	山田　泰久
岩元　暁子	久津摩　和弘	高村　和雄	本多　彰浩	米原　裕太郎
遠藤　惠子	小阪　亘	田中　皓	町田　英俊	
大坂　紫	小堀　悠	樽本法律事務所	間辺　初夏	
小川　まき	佐々木　周作	天雲　成津子	丸山　真平	
小野寺　崇	清水　潤子	（公財）徳島県勤労者福祉ネットワーク	三島　理恵	
折笠　正明	高田　佳奈	戸田　由美	水谷　衣里	

発行サポーター（個人）

会沢　裕貴	岡　康平	小松　千紘	高橋　好美	藤本　喜久男
安藤　太郎	葛西　浩之	斉藤　ひな実	高橋　優介	不破　亨
池田　一郎	片山　尚輝	佐藤　綾乃	高橋　優介	水野　哲
石森　大輝	嘉村　拳	塩谷　麻友	多田　邦晃	湊　幹
市川　美保子	川田　修平	島村　健太	但野　謙介	安井　章員
伊東　杏奈	河西　竜之介	清水　道浩	田中　理仁	山崎　夢依
稲田　遼太	木下　潤平	吹田　博史	田中　結菜	山元　圭太
井上　敦雄	木村　直樹	鈴木　美紀	津田　湖	山守　千華
今村　昌弘	久保　匠	強矢　寛之	津田　かのん	若林　直子
浦邉　智紀	栗原　勇貴	田岡　奏子	土崎　雄祐	Hideo Watanabe
大澤　直子	黒木　基広	高木　美代子	西田　順平	Kazumi KISHIMA
大塚　亜希子	小坪　拓也	髙砂　大	野村　拓馬	
大森　加奈子	後藤　花織	髙野内　美妃子	藤木　正史	

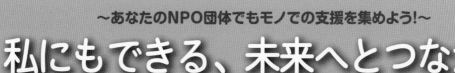

5

プロボノITスペシャリスト
私たちが提案する、
キャリア開発のかたち。

社会起業家
私たちが提案する、
ワークライフバランスのかたち。

誰かに託すだけでなく、
あなただからこそできる、
優しさのかたち。

「本当にありがとう。」その言葉が、
なんだかちょっぴり誇らしい。

あなたはもっと感謝されていい。

想像してみて、なりたい自分を。
思い出して、やりたかったことを。

人生100年時代、

何でもできる、
まだまだやれる。

優しい社会をデザインする

グローバル に支えてくださる
ソーシャルイノベーションパートナー
[A to Z 順]

NTT DATA（中国）信息技術有限公司

自立した持続可能な地域をつくる

Make the region independent and sustainable.

トラストバンクは、地域が自立し持続可能になるための活動を通し、地域とともに未来を創り上げていきます

日本の多くの地域では、「ヒト・モノ・お金・情報」が十分に循環せずに、域外から入ってくるお金が少なくなっているだけでなく、域外に流出するお金が多い状態です（※図1）。このままでは産業が衰退し、さらに人が地域外へ出て行ってしまうという悪循環に陥ってしまいます。

一方、日本には地域ごとにさまざまな文化や素晴らしい技術があります。トラストバンクはこれらを守り、地域を元気にするためには「ヒト・モノ・お金・情報」の循環を促がすことが、「地域が自立し、持続可能な状態に」近づくと考えています。

また今後は、共に価値を創り上げる「地域共創」が大切になります。トラストバンクでは、地域が『稼ぐ』ための「ふるさと納税事業（ふるさとチョイス）」をはじめとし、様々なステークホルダーを巻き込みながら、地域経済の維持・発展に向け、地域の経済循環を促すための事業を展開し、独自の経済圏を創り出しています（※図2）。

今後も「自立した接続可能な地域をつくる」ため「地域共創」を揚げ、一緒に日本を元気にしていきたいと考えています。

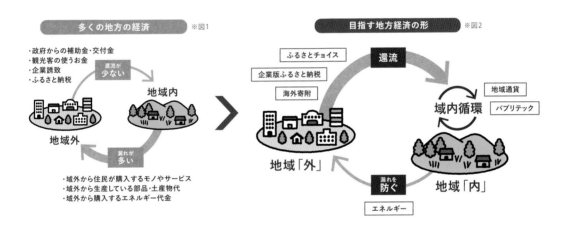

ふるさと納税事業では、地域が自立し持続可能な状態を実現させるために3つのサービスを運営し、全国の自治体を支援しています。

ふるさとチョイス
ふるさと納税 総合サイト

日本最大級のふるさと納税総合サイト。全国の自治体への寄附に対するお礼の品や使い道を多数紹介しています。

ふるさとチョイス
ガバメントクラウドファンディング®

地域の課題をプロジェクト化して、共感による寄附をふるさと納税で募ります。自治体と共同で事業にあたる様々な団体の活動にも活用されます。

ふるさとチョイス
災害支援

災害発生時、迅速に寄附受付フォームを立ち上げ、復興・復旧に必要な寄附をふるさと納税で募り、被災地を支援します。

TRUST BANK
株式会社 トラストバンク

東京都渋谷区渋谷2-24-12
スクランブルスクエア39階 WeWork内
TEL:03-5784-1089 FAX:03-5784-1083
https://www.trustbank.co.jp/

はじめに

　私たち寄付白書発行研究会は、「日本の寄付市場」の全体像を明らかにすることで日本の寄付文化を発展させるために、2010年から『寄付白書』を発行してきました。多くの方のご寄付によるご支援、調査へのご協力を得て、ここに、『寄付白書2021』をお届けすることができますことを心より感謝申し上げます。

　本書では2020年の1年間の寄付について調査し、分析した結果を取りまとめています。2020年は、私たちの社会にとって、コロナ禍にある特殊な社会状況でありました。しかし同時に、新たな社会的連帯や若い人の社会参加行動、社会意識の変化などの動きがみられた1年でもありました。

　私たちの社会は、「ボランティア元年」と言われた1995年の阪神淡路大震災、「寄付元年」と言われた2011年の東日本大震災を経て、意識や行動の変化を経験しています。今回のコロナ禍における寄付には、そうした意識面だけではなく、東日本大震災などを経て誕生し、進化してきていたクラウドファンディングなどの様々な社会システムが重要な役割を果たす姿も見られました。

　本書では、これまでの寄付白書同様、推計寄付総額や属性別の寄付意識などをまとめた統計データに加えて、新型コロナと寄付の特集、近年急速に伸びているESG投資、インパクト投資などの社会的投資の全体像の解説、遺贈寄付やクラウドファンディングなどの寄付を取り巻く重要なトピックスの現状把握なども盛り込みました。これにより、できるだけ多角的・複合的に寄付および社会的投資といった「共感的な資金市場」の全体像を示すことを目指しました。また、寄付の定義や傾向について、読者それぞれのニーズに応じた判断に資する情報の抽出ができるよう、できるだけ統計情報の内訳もお示しするよう努めています。

　本調査を終えた私たちが今感じていることは、「寄付には可能性がある」ということです。時間はかかりますが社会の意識も仕組みも進化し、変化し続けています。一つひとつ課題を克服して、日本らしい豊かな寄付社会をみなさんとともに生み出していきたいと思います。

2021年11月

日本ファンドレイジング協会代表理事・寄付白書発行研究会

鵜尾　雅隆

		2009	2010	2011	2012
個人寄付総額・会費総額・寄付者数・寄付者率の推移 （2009～2020年・1～12月、20歳以上79歳以下の男女） ※2013年、2015年および2017～2019年は調査が行われていないためデータがない。	寄付	5,455億円	4,874億円	震災寄付5,000億円 個人寄付5,182億円 1兆182億円	6,931億円
	会費	3,756億円	2,362億円	3,190億円	3,227億円
	寄付者数／寄付者率	3,766万人／34.0%	3,733万人／33.7%	7,026万人／68.6%	4,759万人／46.7%
法人寄付の推移 （4月～3月決算ベース）	寄付	5,467億円	6,957億円	7,168億円	6,755億円
	寄付支出法人／経常所得比	42万法人／1.80%	44万法人／2.14%	52万法人／2.11%	42万法人／1.66%
助成財団※の助成額の推移	助成財団	605億円	601億円	620億円	661億円

出所：公益財団法人助成財団センターによる調査にもとづく
※対象団体の抽出基準…当該年度調査に回答のあった団体のうち、公益財団法人、一般財団法人、公益社団法人、一般社団法人、社会福祉法人で、会計情報に資産総額（正味財産）の記載があり、年間助成金額が500万円以上の団体

日米英3カ国の個人寄付総額比較

個人寄付総額と名目GDPに占める割合

2020年
1兆2,126億円

0.23%
名目GDP比

	2014	2016	2017	2018	2019	2020
	7,409億円	7,756億円 (うち、ふるさと納税 2,844億円)				1兆2,126億円 (うち、ふるさと納税 6,725億円)
	3,129億円	2,328億円				2,989億円
	,410万人 / 43.6%	4,571万人 / 45.4%				4,352万人 / 44.1%
	7,103億円	1兆1,229億円	7,610億円	7,940億円	6,729億円	
	2万法人 / 1.32%	44万法人 / 1.89%	40万法人 / 1.12%	40万法人 / 1.14%	29万法人 / 1.06%	
	996億円	1,092億円	1,123億円	1,131億円	1,195億円	

2020年
34兆5,948億円　1.55%
現地通貨額：3,241億ドル　名目GDP比

2018年
1兆4,878億円　0.47%
現地通貨額：101億ポンド　名目GDP比

コロナ禍の寄付

新型コロナ関連の寄付者率・平均寄付金額

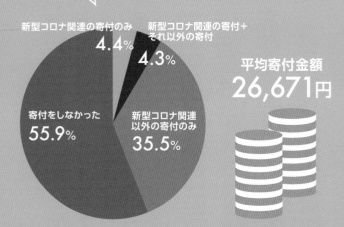

新型コロナ関連の寄付のみ
4.4%

新型コロナ関連の寄付＋それ以外の寄付
4.3%

寄付をしなかった
55.9%

新型コロナ関連以外の寄付のみ
35.5%

平均寄付金額
26,671円

海外

寄付金

個人寄付者
寄付金

寄付金・義援金・物資

法人・団体寄付者
寄付金

日本国外の新型コロナの感染者や医療従事者を支援する組織

購入・契約・利用

消費者・顧客企業

新型コロナ関連の寄付者率（年齢層別）

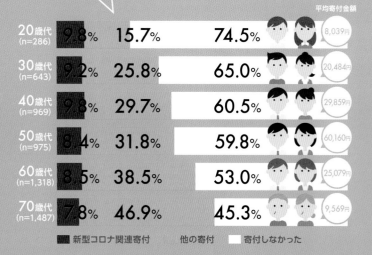

平均寄付金額

年齢	新型コロナ関連寄付	他の寄付	寄付しなかった	平均寄付金額
20歳代 (n=286)	9.8%	15.7%	74.5%	8,039円
30歳代 (n=643)	9.2%	25.8%	65.0%	20,484円
40歳代 (n=969)	9.8%	29.7%	60.5%	29,859円
50歳代 (n=975)	8.4%	31.8%	59.8%	60,160円
60歳代 (n=1,318)	8.5%	38.5%	53.0%	25,079円
70歳代 (n=1,487)	7.8%	46.9%	45.3%	9,569円

■ 新型コロナ関連寄付　□ 他の寄付　□ 寄付しなかった

著名人による寄付の例（敬称略）

出所：新聞記事データベース（聞蔵Ⅱ、日経テレコン21、毎策、ヨミダス歴史館）の検索結果をもとに筆者作成　注：期間は2020年4月～2020年7月まで

2020年 4月

株式会社ミクシィ取締役会長
笠原健治
個人として寄付する資金10億円を原資に「みてね基金」を設立

ミュージシャン
YOSHIKI
自身が運営する米国非営利公益法人501(c)(3)YOSHIKI FOUNDATION AMERICAを通じて、国立国際医療研究センターへ1,000万円を寄付
呼びかけを受けて、西島隆弘、浜崎あゆみが、それぞれ1,000万円を同センターに寄付

プロ野球読売巨人軍
原辰徳、阿部慎之助、坂本勇人、丸佳浩、菅野智之
東京都内の医療現場を支援するため都に総額5,000万円（各1,000万円）を都に寄付

2020年 5月

タレント
中居正広
東京コロナ医療支援基金に1,000万円寄付

YouTuber
HIKAKIN
Yahoo!基金と連携し「コロナ医療支援募金」を立ち上げ、1億円寄付

ロックバンド
GLAY
北海道の地域医療を守るため北海道へ1,000万円寄付

2020年 6月

ファーストリテイリング会長兼社長
柳井正
京都大学に総額100億円の寄付

2020年 7月

マンナンライフ創業者
鶴田征男
会長職を退いた際の退職金1億5千万円を富岡市に寄付

タレント
指原莉乃
豪雨被災地義援金として大分県と日本赤十字に1,000万円ずつ寄付

新しい地図
稲垣吾郎、草彅剛、香取慎吾
LOVE POCKET FUNDを日本財団と共同で設立し、3,000万円を拠出

コロナ禍前後の社会意識・態度の変化

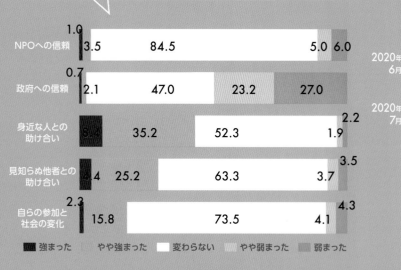

	強まった	やや強まった	変わらない	やや弱まった	弱まった
NPOへの信頼	1.0	3.5	84.5	5.0	6.0
政府への信頼	0.7	2.1	47.0	23.2	27.0
身近な人との助け合い	8.4	35.2	52.3	1.9	2.2
見知らぬ他者との助け合い	4.4	25.2	63.3	3.7	3.5
自らの参加と社会の変化	2.3	15.8	73.5	4.1	4.3

■ 強まった　□ やや強まった　□ 変わらない　□ やや弱まった　□ 弱まった

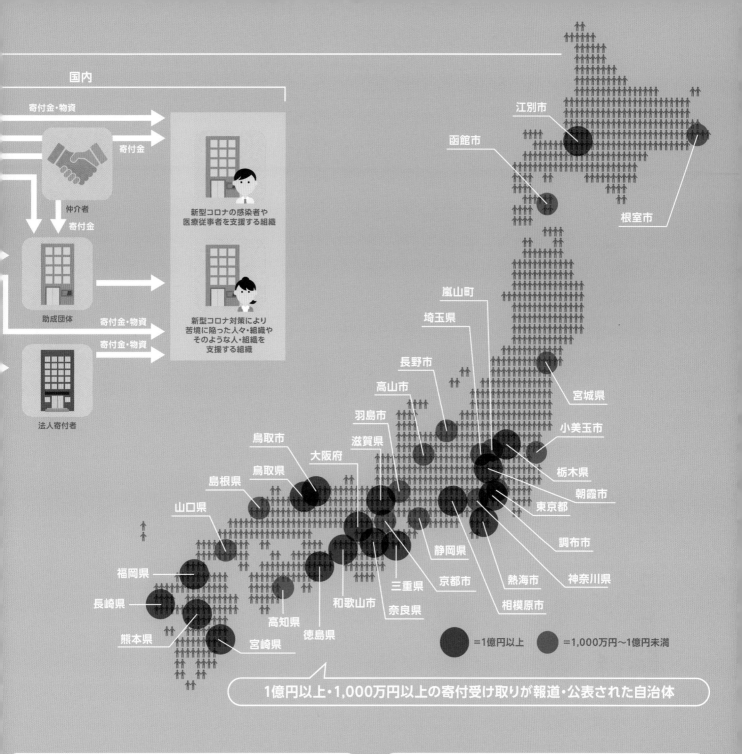

国内

寄付金・物資

寄付金

仲介者
寄付金

助成団体

寄付金・物資

寄付金・物資

法人寄付者

新型コロナの感染者や
医療従事者を支援する組織

新型コロナ対策により
苦境に陥った人々・組織や
そのような人・組織を
支援する組織

江別市

函館市

根室市

嵐山町

埼玉県

長野市

高山市

羽島市

鳥取市

滋賀県

大阪府

島根県

鳥取県

山口県

福岡県

長崎県

熊本県

高知県

宮崎県

徳島県

和歌山市

三重県

奈良県

京都市

静岡県

熱海市

相模原市

神奈川県

宮城県

小美玉市

栃木県

朝霞市

東京都

調布市

● =1億円以上　　● =1,000万円～1億円未満

1億円以上・1,000万円以上の寄付受け取りが報道・公表された自治体

LOVE POCKET
FUND

新しい地図の3人と
日本財団によるもの

命を守る人を支えたい
コロナ医療支援募金

HIKAKIN氏と
Yahoo!基金によるもの

新型コロナウイルス感染症：
拡大防止活動基金

READYFORと東京コミュ
ニティー財団によるもの

三井住友信託銀行

「新型コロナワクチン・
治療薬開発寄付口座」

みずほフィナンシャル
グループ・J-Coin加盟行

「J-Coin基金」

三菱UFJ
フィナンシャル・
グループ

20億円の寄付支援

全国の「新型コロナウイルス
対策」をふるさと納税で
応援しよう

トラストバンクの
サイト上にて

コロナ寄付
プロジェクト

Yahoo!ネット募金、ふるさと
チョイス、パブリック
リソース財団によるもの

47都道府県
「新型コロナウイルス対策」
地元基金

地域創造基金さなぶりと
全国コミュニティ
財団協会によるもの

七十七銀行

「77医療応援私募債」

野村ホールディングス

インドでの新型コロナ
感染拡大を受け、
グループで200万米ドルを寄付

埼玉りそな銀行

「埼玉りそなSDGs私募債
～新型コロナ医療支援
ファンド～」

10年の寄付市場を取り巻く環境の変化

クラウドファンディング

インターネットのプラットフォームを介して不特定多数の人々から資金を調達するクラウドファンディング※の国内市場規模は、矢野経済研究所（2018）の推計によると、2018年度で2,000億円超（新規プロジェクト支援額）となった。統計が取れている2014年からの5年間でも約10倍の規模に成長している。

※寄付型以外も含まれる。

国内クラウドファンディングの新規プロジェクト支援額

出所：矢野経済研究所（2018）にもとづく
注：2018年度は見込み値

2014年	2015年	2016年	2017年	2018年
221.9億円	379.2億円	747.6億円	1,700.6億円	2,045億円

社会的投資市場

Global Sustainable Investment Review 2020によると、世界のESG投資の総額は35.3兆米ドルであり、2016年度から15.1%もの伸びを示している。これは、世界の投資総額の約3分の1を占める規模である。

世界のESG投資の市場規模

出所：Global Sustainable Investment Review（2014）（2016）（2018）（2020）にもとづく

2012年	2014年	2016年	2018年	2020年
13兆261（10億米ドル）	18兆276（10億米ドル）	22兆872（10億米ドル）	30兆683（10億米ドル）	35兆301（10億米ドル）

クレジットカード寄付

クレジットカードによる寄付は、この10年間で5倍に伸びている。決済方法では、手渡しに次ぐ2番目の決済方法として定着するようになった。

クレジットカードによる寄付の推移

寄付の手段（全体）

5.3%
2009年

25.5%
2020年

14

遺贈寄付
不動産寄付

遺贈寄付

実際にどれくらいの遺贈寄付が行われているかを示すデータの一つに、相続税の申告時に行われた遺贈等の寄付による控除の申し出の件数や金額がある。シーズ・市民活動を支える制度をつくる会が国税庁に対して開示請求を行った資料によると、この10年間で件数は2倍弱、金額は2倍強に増加している。

相続財産の寄付件数と金額

出所:シーズ・市民活動を支える制度をつくる会が国税庁に対し開示請求した資料にもとづく ※相続税申告分

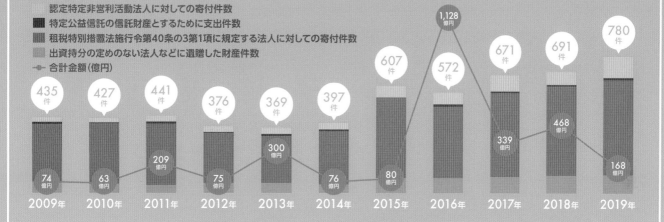

- □ 認定特定非営利活動法人に対しての寄付件数
- ■ 特定公益信託の信託財産とするために支出件数
- ▨ 租税特別措置法施行令第40条の3第1項に規定する法人に対しての寄付件数
- ▨ 出資持分の定めのない法人などに遺贈した財産件数
- ○ー 合計金額(億円)

年	件数	金額(億円)
2009年	435件	74億円
2010年	427件	63億円
2011年	441件	209億円
2012年	376件	75億円
2013年	369件	300億円
2014年	397件	76億円
2015年	607件	80億円
2016年	572件	1,128億円
2017年	671件	339億円
2018年	691件	468億円
2019年	780件	168億円

特定非営利活動法人の遺贈寄付の受け入れ状況

■ 認定・特例認定法人　▨ 認定を受けていない法人

- 0円超〜10万円以下 **8件**
- 10万円超〜50万円以下 **5件**
- 50万円超〜100万円以下 **4件**
- 100万円超〜500万円以下 **13件**
- 500万円超〜1,000万円以下 **7件**
- 1,000万円超 **9件**

出所:内閣府(2018)にもとづく ※2016年度

不動産寄付

内閣府(2018)の調査では、2016年度に不動産(土地建物等)の現物寄付を受け入れているNPO法人は3.7%にとどまっている。制度上での課題も多いと指摘されている。

特定非営利活動法人の現物寄付の受け入れ状況

- ▨ 現物による寄付のうち不動産(土地建物等)を受け入れている
- ■ 現物による寄付のうち動産(有価証券、本、美術品等)を受け入れている
- ■ 現物による寄付を受け入れていない
- □ その他

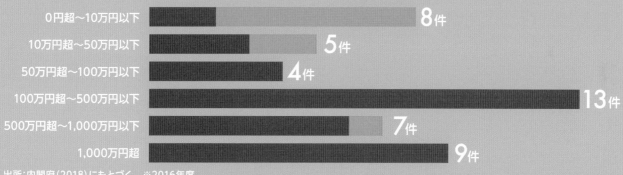

	不動産	動産	受け入れていない	その他
全体	3.7%	15.0%	66.1%	17.8%
認定を受けていない法人	3.4%	12.0%	69.7%	17.2%
認定・特例認定法人	4.8%	25.3%	54.0%	19.8%

出所:内閣府(2018)にもとづく ※2016年度

本書での表記および特記事項について

・本書での寄付の定義
「自分自身や家族のためではなく、募金活動や社会貢献等を行っている人や団体に対して、金銭や金銭以外の物品（衣料品、食料品、医療品、日用品、クレジットカードのポイント、不動産など）を自発的に提供する行為」

・本書の中で出典明記のない図表は、独自に行った全国寄付実態調査（以下、本文中では本調査と記載）にもとづいて作成された。

・寄付分野別の特徴を分析するにあたり、カテゴリー分けを行った。具体的には以下の通りである。

カテゴリー1	まちづくり・まちおこし、緊急災害支援、国際協力・交流、芸術文化・スポーツ、教育・研究、雇用促進・雇用支援、保健・医療・福祉、子ども・青少年育成、自然・環境保全、権利擁護・権利支援、社会貢献活動の中間支援、その他
カテゴリー2	国や都道府県や市区町村（ふるさと納税以外）、政治献金、宗教関連、共同募金会、日本赤十字社、自治会・町内会・女性会（婦人会）・老人クラブ・子ども会など、業界団体・商業団体・労働組合
カテゴリー3	ふるさと納税

・図表数値は、四捨五入しているため、計が100％または各数値の和と一致しない場合もある。

・推計にあたり、共同募金会と日本赤十字社の寄付総額およびふるさと納税は公表されている実績値を用いている。

目 次
CONTENTS

第1章
2020年の寄付の動向

石田 祐・大坂 紫・坂本 治也・佐々木 周作

2020年、寄付を行った人44.1%、
会費を支出した人26.4%。
ふるさと納税を行った人14.6%。

　全国寄付実態調査 (以下、本調査) を実施した結果、2020 年 1 月から 12 月までの 1 年間に寄付を行った人は、回答者の 44.1% であった。また、会費については、26.4% の人が支出した。寄付か会費のいずれかの支出をしている人は 49.1% であり、寄付と会費の両方を支出している人は 21.4% であった (図 1-1)。

　金銭寄付と物品寄付の関係については、金銭寄付を行った人が 44.1%、物品寄付を行った人は 10.1%、両方行った人は 6.8% であった (図 1-2)。

　本調査では寄付先を 20 項目にわけ、回答を得ている。それらを 3 つのカテゴリーにわけた (図 1-3)。それぞれのカテゴリーに含まれる分野は、図下の表のとおりである。カテゴリー 1 には、まちづくり、緊急災害支援、国際協力などが含まれ、カテゴリー 2 には、宗教関連、共同募金会、日本赤十字社、自治会などが含まれる。カテゴリー 3 はふるさと納税である。カテゴリー別の寄付者率は、カテゴリー 1 が 17.7%（うち、カテゴリー 1 のみは 6.7%）、カテゴリー 2 が 26.8%（うち、カテゴリー 2 のみは 15.3%）、カテゴリー 3 が 14.6%（うち、カテゴリー 3 のみは 8.9%）であった。複数のカテゴリーに寄付をしたのは 13.3% である (図 1-3)。

　寄付者または会費支出者のみに絞り寄付先をみると (図 1-4)、最多は共同募金会の 42.9% であり、ふるさと納税（33.2%）、日本赤十字社（19.6%）、自治会等（17.9%）がそれに続く。カテゴリー 1 を高い順にみると、緊急災害支援分野（12.9%）、国際協力・交流（11.0%）、自然・環境保全（6.1%）、子ども・青少年育成（5.3%）である。

　3 つのカテゴリーへの寄付者率を、性別・年代別でみると (表 1-1)、カテゴリー 1 と 2 は女性の方が高く、カテゴリー 3 は男性が高い。年代別では、カテゴリー 1 と 2 では年齢が高いグループで寄付者率が高く、カテゴリー 3 では、30 歳代・40 歳代で高くなっている。

図1-1　寄付（金銭）と会費の関係

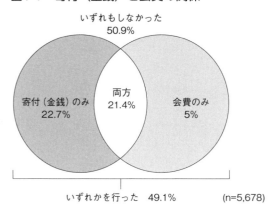

いずれもしなかった
50.9%

寄付（金銭）のみ
22.7%

両方
21.4%

会費のみ
5%

いずれかを行った　49.1%　　　　　（n=5,678）

図1-2　寄付（金銭）と寄付（物品）の関係

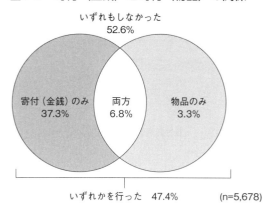

いずれもしなかった
52.6%

寄付（金銭）のみ
37.3%

両方
6.8%

物品のみ
3.3%

いずれかを行った　47.4%　　　　　（n=5,678）

図1-3　カテゴリーと寄付者率の関係（複数回答）

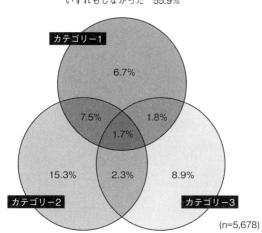

いずれもしなかった　55.9%

カテゴリー1

6.7%

7.5%　　1.8%

1.7%

15.3%　　2.3%　　8.9%

カテゴリー2　　　　　　カテゴリー3

（n=5,678）

カテゴリー 1	まちづくり・まちおこし、緊急災害支援、国際協力・交流、芸術文化・スポーツ、教育・研究、雇用促進・雇用支援、保健・医療・福祉、子ども・青少年育成、自然・環境保全、権利擁護・権利支援、社会貢献活動の中間支援、その他
カテゴリー 2	国や都道府県や市区町村（ふるさと納税以外）、政治献金、宗教関連、共同募金会、日本赤十字社、自治会・町内会・女性会（婦人会）・老人クラブ・子ども会など、業界団体・商業団体・労働組合
カテゴリー 3	ふるさと納税

図1-4　分野別　寄付者率・会費支出者率（複数回答）

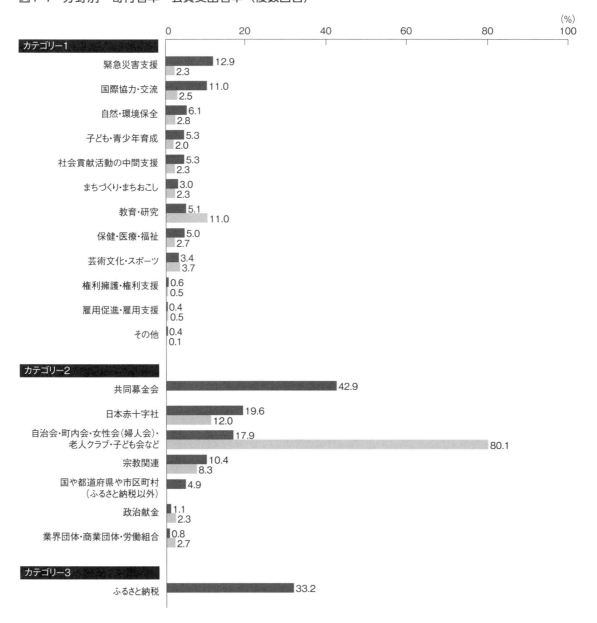

表1-1　性別・年代別　寄付者率（カテゴリー別、複数回答）

		カテゴリー1 (%)	カテゴリー2 (%)	カテゴリー3 (%)
全体	(n=5,678)	17.7	26.8	14.6
男性	(n=2,820)	15.9	24.3	16.5
女性	(n=2,858)	19.4	29.3	12.8
20歳代	(n=286)	11.2	7.3	13.6
30歳代	(n=643)	11.8	11.2	21.5
40歳代	(n=969)	13.2	15.4	21.9
50歳代	(n=975)	15.1	21.1	17.5
60歳代	(n=1,318)	19.4	32.5	12.0
70歳代	(n=1,487)	24.5	43.4	7.6

寄付の平均金額は37,657円、会費の平均金額は11,149円。男性の寄付支出額が大きく、年代別では50代が最大で平均金額は70,700円。

寄付を行った人 (n=2,505) の平均金額は 37,657 円、中央値は 10,000 円であった (表 1-2)。うち、カテゴリー 1 への寄付 (n=1,004) は、平均金額 15,065 円、中央値 5,000 円、カテゴリー 2(n=1,522) についてはそれぞれ 11,006 円と 1,000 円、カテゴリー 3(n=831) は 75,156 円と 40,000 円であった。

会費支出者 (n=1,501) については、平均支出額 11,149 円、中央値 4,800 円であった (表 1-2)。カテゴリー別では、平均値と中央値がそれぞれ、カテゴリー 1 では 12,171 円、5,000 円、カテゴリー 2 では 9,048 円、4,000 円であった。

性別でみると、寄付については、男性の平均値が 43,521 円、中央値が 11,450 円、女性についてはそれぞれ 32,325 円と 6,000 円であり、男性の寄付額が女性に比べて高かった。会費についても、平均金額が男性 (13,391 円) の方が女性 (9,334 円) よりも高いが、中央値は双方ともに 4,800 円と同じであった。

年齢別の集計をみると (表 1-3)、50 歳代で最も平均寄付額が高く、70,700 円であった。それに、40 歳代 (64,333 円)、30 歳代 (37,768 円)、60 歳代 (29,744 円)、20 歳代 (18,059 円)、70 歳代 (16,912 円) と続く。ただし、中央値では、40 歳代および 30 歳代の方が高い。

カテゴリー別にみると、カテゴリー 3 の支出額が高く、たとえば 50 歳代では平均 118,301 円であった。また、50 歳代では他の 2 つのカテゴリーも他の年代よりも高く、カテゴリー 1 が 19,101 円、カテゴリー 2 が 22,704 円であった。

表1-2　カテゴリー別・性別　寄付と会費の平均支出額（複数回答）

		寄付			会費		
		n	平均値（円）	中央値（円）	n	平均値（円）	中央値（円）
全体		2,505	37,657	10,000	1,501	11,149	4,800
男性		1,193	43,521	11,450	671	13,391	4,800
女性		1,312	32,325	6,000	830	9,334	4,800
カテゴリー1		1,004	15,065	5,000	389	12,171	5,000
カテゴリー2		1,522	11,006	1,000	1,325	9,048	4,000
カテゴリー3		831	75,156	40,000	－	－	－
男性	カテゴリー1	449	16,486	5,000	176	11,496	5,000
	カテゴリー2	686	13,352	1,000	596	11,681	4,000
	カテゴリー3	465	76,041	50,000	－	－	－
女性	カテゴリー1	555	13,916	4,000	213	12,729	4,500
	カテゴリー2	836	9,080	1,000	729	6,895	4,000
	カテゴリー3	366	74,031	33,000	－	－	－

表1-3　カテゴリー別・年代別　寄付と会費の平均支出額（複数回答）

		寄付			会費		
		n	平均値（円）	中央値（円）	n	平均値（円）	中央値（円）
20歳代	全体	73	18,059	12,000	16	6,956	3,300
	カテゴリー1	32	5,040	2,550	8	3,588	1,500
	カテゴリー2	21	7,121	2,000	9	9,178	3,600
	カテゴリー3	39	25,833	21,000	－	－	－
30歳代	全体	225	37,768	23,000	63	11,221	5,000
	カテゴリー1	76	7,516	1,500	33	7,818	5,000
	カテゴリー2	72	10,119	1,000	46	9,759	3,600
	カテゴリー3	138	52,159	40,000	－	－	－
40歳代	全体	383	64,333	28,000	172	11,240	5,000
	カテゴリー1	128	15,566	5,000	69	14,008	5,000
	カテゴリー2	149	10,849	1,000	135	7,160	4,000
	カテゴリー3	212	99,200	60,000	－	－	－
50歳代	全体	392	70,700	13,550	211	14,958	4,000
	カテゴリー1	147	19,101	5,000	62	23,766	5,000
	カテゴリー2	206	22,704	1,000	178	9,453	3,600
	カテゴリー3	171	118,301	70,000	－	－	－
60歳代	全体	619	29,744	6,000	426	10,967	4,450
	カテゴリー1	256	17,957	5,000	92	11,199	5,000
	カテゴリー2	429	10,238	1,000	380	9,583	4,000
	カテゴリー3	158	59,633	30,000	－	－	－
70歳代	全体	813	16,912	4,000	613	10,039	4,800
	カテゴリー1	365	13,687	5,000	125	7,820	3,000
	カテゴリー2	645	8,041	1,200	577	8,954	4,000
	カテゴリー3	113	31,566	20,000	－	－	－

日本全体の個人寄付総額1兆2,126億円、推計人数は4,352万人。個人会費総額2,989億円。

　本調査の結果と、実績値を報告している共同募金会（共同募金会、2021）や日本赤十字社（日本赤十字社、2021）、ふるさと納税（総務省、2021）のデータを用いて、日本全体の個人寄付総額および個人会費総額を推計した結果、日本の個人寄付総額は1兆2,126億円、また、個人会費総額は2,989億円となり、1兆5,000億円超が家計から支出されている（図1-5）。

　個人寄付総額は名目GDPの0.23%[※]に相当する。15歳以上人口の44.1%の人が寄付を行い寄付実施人数は4,352万人と推計された。推計方法の詳細は巻末に記載されている。

　前回調査（2016年1月〜12月）と比較すると、寄付は7,756億円から1兆2,126億円と約1.5倍と大きく増加している。寄付者率は45.4%から44.1%と1.3ポイント減少した。前回の調査から、ふるさと納税を明確に切りわけたが、ふるさと納税の活用は一層進んできており、総務省の報告（総務省、2021）によると、2016年の2,844億円から6,725億円と2.4倍に急増している。

　個人寄付総額をカテゴリー別にみると、カテゴリー1は総額2,628億円（21.7%）、カテゴリー2は2,773億円（22.9%）、そしてカテゴリー3は6,725億円（55.5%）である（図1-6）。会費総額はカテゴリー1は823億円（27.5%）、カテゴリー2は2,166億円（72.5%）がそれぞれ推計された（図1-7）。

※日本の名目GDPに関しては、内閣府websiteを参照。

図1-5 個人寄付推計総額・個人会費推計総額・金銭寄付者率の推移

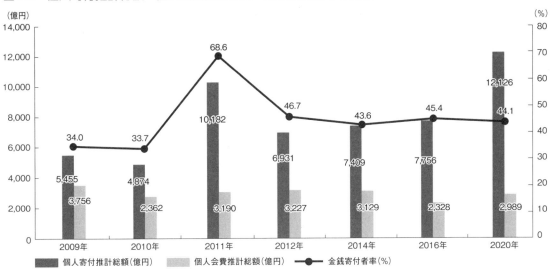

注：2011年は震災関係の寄付(5,000億円)を含み、金銭寄付者率も震災関係以外の寄付者率(29.4%)を含む。
2012年以降、本調査は隔年実施、また2016年以降は4年に一度実施へと変更になった。

図1-6 個人寄付総額の内訳

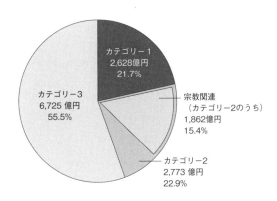

図1-7 個人会費総額の内訳

アメリカの個人寄付金額が突出して多い。
個人寄付額は日米英いずれもパンデミックにより
増加傾向。

　各国統計によれば、アメリカの個人寄付額（2020年）は3,241億ドル（34兆5,948億円）で前年より144億ドル増加した。法人寄付は前年より減少しているが、個人寄付は一貫して増加傾向にあり、財団、遺贈も増加しており、寄付総額は日本円で50兆円以上である（表1-6）。

　イギリスの個人寄付額(2020年1～6月)は54億ポンド（7,393億円）であり、2018年の101億ポンド（1兆4,878億円）と半年のトレンドを比較すると、増加傾向にあると考えられる（表1-4）。また、一人当たりの寄付平均額は、イギリス（2020年）は月52ポンド（7,119円）となり、年間624ポンド（85,432円）と日本（2020年）の37,657円の倍以上となっている（表1-5）。

　個人寄付総額の名目GDPに占める割合を比較すると、2020年にアメリカは1.55%、イギリス0.26%(半年分)、に対し、日本は0.23%にとどまった（表1-4）。

　チャリティエイド財団（2021）によれば、直近1ヶ月の寄付者率は、アメリカ45%、イギリス59%、韓国28%、日本12%※であった。日本は114か国中107位と低く、市民社会の規模が異常に小さい点や慈善寄付に関する規則が複雑であること、国に対する期待が高く、NPOは比較的新しい現象と言及されている（表1-7）。

※チャリティエイド財団の調査における寄付者率は、直近1ヶ月の寄付実行率である。日本の実態に則して行った本調査（全国寄付実態調査）では、日本の1年間の寄付者率は44.1%と、チャリティエイド財団調査より高く出ている。

表1-4　個人寄付総額

	日本 (2020)	アメリカ (2020)	イギリス (2020) 1～6月分	イギリス (2018)
現地通貨額	1 兆2,126億円	3,241億ドル	54億ポンド	101億ポンド
円換算額	－	34兆5,948億円	7,393億円	1 兆4,878億円
名目GDPに占める割合	0.23%	1.55%	0.26%	0.47%

出所：Giving USA Foundation（2021）、Charities Aid Foundation（2019）（2020）
　　　名目 GDP は IMF 統計より筆者作成
注：円換算における為替レートについては、国際決済銀行(Bank for International Settlements、BIS) 公表のBroadベースの実効為替レート(対米ドル為替レート) を利用した。2020 年は、1 ドル＝106.7円、1 ポンド＝136.9円で換算、2019 年は、1 ポンド＝139.0 円で換算。

表1-5　個人寄付平均額（年間）

日本 (2020)	アメリカ (2020)	イギリス (2020)	イギリス (2019)	韓国 (2017)
37,657円	－	624ポンド (85,432円)	552ポンド (76,709円)	249,000ウォン (25,097円)

出所：Charities Aid Foundation（2020）、Giving Korea（2018）をもとに筆者作成
注：円換算における為替レートについては、国際決済銀行（Bank for International Settlements、BIS）公表の Broad ベースの実効為替レート（対米ドル為替レート）を利用した。2017 年は、100 ウォン＝9.9 円で換算。
　　アメリカはデータが入手できなかったが、可処分所得の 1.9%を寄付している。
　　イギリスは、Charities Aid Foundation（2020）の調査実施日の直近 4 週間（1 月～8 月）における 1 人あたり寄付金額の平均値＝52 ポンド(7,119 円) をもとに計算した年額。
　　韓国は、GivingKorea（2018）の個人寄付中央値（GivingKorea）を掲載している。

表1-6　アメリカの寄付額の推移

(上段：億ドル、下段：億円)

	2016	2017	2018	2019	2020
個人寄付	2,819	2,867	2,921	3,097	3,241
	306,255	321,604	322,684	337,458	345,948
法人寄付	186	208	201	211	169
	20,156	23,303	22,150	22,983	18,018
遺贈	304	357	397	432	419
	32,988	40,053	43,869	47,089	44,735
財団	593	669	759	757	886
	64,411	75,058	83,806	82,485	94,519
合計	3,901	4,100	4,277	4,497	4,714
	423,809	460,018	472,508	490,015	503,220

出所：Benefactor Group（2021）をもとに筆者作成
注：遺贈寄付は Giving USA

表1-7　直近1ヶ月の寄付者率

日本	アメリカ	イギリス	韓国
12%	45%	59%	28%

出所：Charities Aid Foundation（2021）をもとに筆者作成
注：直近 1 ヶ月間にチャリティ団体へ金銭を寄付した人の割合

寄付者率は男性で42.3%、女性で45.9%。
高年齢層・高所得層ほど寄付者率は高い。

　寄付者の属性のうち性別でみると、男性の 42.3%、女性の 45.9% が寄付を行った（図 1-8）。また、年齢別でみると（図 1-9）、男性も女性も高年齢ほど寄付者率が高く、男性では 20 歳代の 29.6% が最も低く、70 歳代の 51.7% が最も高い。女性では、20 歳代が 21.9%、70 歳代では 57.6% であり、若年と高齢の年代間での寄付者率の差が男性に比べて大きい。

　30 歳代男性で同居の子どもがありと回答した人の寄付者率は 38.3% であり、同居の子どもがいないと回答した人は 32.2% である（表 1-8）。同様に 40 歳代でも 11.5 ポイント前者の方が高い。そのほかの年齢区分でも同居子どもありの方が高い。女性については、20 歳代、40 歳代、50 歳代では同居子どもありの方が高いが、それ以外では反対の結果が示されている。

　世帯収入別でみると、年間の世帯収入が 1 ～ 100 万円未満の世帯に属する個人の寄付者率は 41.8% である一方、1,400 万円以上の収入のある世帯の寄付者率は 65.4% であった（表 1-9）。その間については、世帯収入が 100 万円以上 200 万円未満の区分で寄付者率が低くなっているが、それを除くと、世帯年収に応じて寄付者率が高まる傾向もうかがえる。カテゴリー別にみると、世帯年収が 1,400 万円以上の区分では、カテゴリー 3 が 37.2%、カテゴリー 1 が 29.8%、カテゴリー 2 が 29.3% となっており、ふるさと納税へ支出する人が多いこともわかる一方、市民活動型の分野への寄付に支出する人が多いこともわかる。1,000 万円から 1,400 万円未満まででは、カテゴリー 3、2、1 の順となり、600 万円以上 1,000 万円未満では、2、3、1 と並んでいる。600 万円未満では、2、1、3 の順番である。

　職業別にみると（表 1-10、n=50 以上対象）、寄付者率が最も高かったのは、団体職員の 63.8% であり、次に経営者・役員（61.0%）、公務員（56.7%）、年金・恩給生活者（52.9%）と続く。カテゴリー別にみると、カテゴリー 1 で寄付者率が高いのは団体職員（27.6%）、経営者・役員（25.7%）、カテゴリー 2 では年金・恩給生活者（40.4%）、経営者・役員（37.1%）、そしてカテゴリー 3 では団体職員（37.9%）、公務員（34.8%）であった。

図1-8　性別　寄付者率

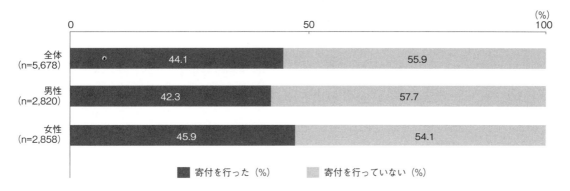

図1-9　性別・年代別　寄付者率

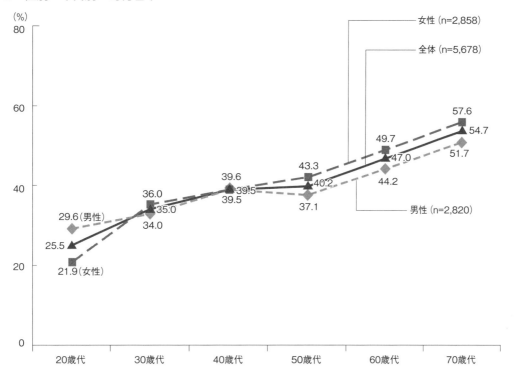

表1-8　性別・年代別 寄付者率（同居子どもの有無別）

(n=5,678)		n	同居の子ども	
			あり（%）	なし（%）
男性	20歳代	135	0.0	31.3
	30歳代	321	38.3	32.2
	40歳代	480	45.4	33.9
	50歳代	485	41.1	34.0
	60歳代	660	50.0	41.8
	70歳代	739	58.7	50.2
女性	20歳代	151	25.0	21.3
	30歳代	322	34.6	37.5
	40歳代	489	40.9	37.4
	50歳代	490	48.9	38.0
	60歳代	658	48.7	50.1
	70歳代	748	56.7	57.9

表1-9　世帯収入別 寄付者率

	n	寄付者率（%）	カテゴリー1（%）	カテゴリー2（%）	カテゴリー3（%）
全体	5,678	44.1	17.7	26.8	14.6
0円	231	23.4	7.4	14.7	4.3
1～100万円未満	170	41.8	17.1	35.3	4.7
100～200万円未満	548	35.9	14.4	27.0	2.7
200～400万円未満	1,791	42.1	17.8	28.9	8.9
400～600万円未満	1,207	44.7	18.6	26.9	15.5
600～800万円未満	741	46.7	17.7	23.8	21.6
800～1,000万円未満	464	50.9	18.8	26.7	25.0
1,000～1,200万円未満	215	52.6	16.7	21.9	30.2
1,200～1,400万円未満	123	57.7	22.0	28.5	33.3
1,400万円以上	188	65.4	29.8	29.3	37.2

表1-10　職業別 寄付者率

	n	寄付者率 (%)	カテゴリー1 (%)	カテゴリー2 (%)	カテゴリー3 (%)
全体	5,678	44.1	17.7	26.8	14.6
会社員（正社員）	1,305	41.5	13.6	14.8	25.5
団体職員（正社員）	58	63.8	27.6	27.6	37.9
公務員	164	56.7	18.9	29.3	34.8
経営者・役員	105	61.0	25.7	37.1	22.9
契約社員・派遣社員・嘱託職員 （非常勤・有期・嘱託の公務員含む）	369	40.1	18.2	18.2	18.7
パート・アルバイト	816	39.8	16.2	26.3	11.2
自営業主・家族従業員（自営業の）	378	44.7	21.4	29.6	9.3
専業主婦・主夫	1,172	48.5	19.5	36.2	9.8
学生	55	16.4	10.9	5.5	0.0
年金・恩給生活者	503	52.9	21.5	40.4	9.9
失業	7	57.1	42.9	42.9	0.0
無職	733	37.2	16.9	26.5	4.6
その他	13	53.8	15.4	38.5	7.7

寄付の手段として多いのは、カテゴリー1ではインターネット、カテゴリー2は手渡し、カテゴリー3はクレジットカード決済。高額寄付者ではオンライン化が進んでいる。

　本調査では寄付の手段を17項目にわけ、回答を得ている（図1-10）。全体としてみると、手渡しによる寄付が最も多く（32.2%）、クレジットカード決済（25.5%）、インターネット※（21.7%）、募金箱（20.0%）と続いている。

　3つの寄付先のカテゴリーにわけてみると、カテゴリー1では、インターネットが最も多く（29.4%）、手渡し（27.0%）、クレジットカード決済（26.7%）、募金箱（25.4%）、郵便振替・銀行振込（25.2%）がそれに続いている。カテゴリー2では、手渡しが49.1%と半数近くに及んでおり、募金箱（26.3%）、その他の金銭寄付方法（18.5%）、郵便振替・銀行振込（14.4%）、街頭募金（13.7%）、クレジットカード決済（13.7%）が続いている。カテゴリー3では、クレジットカード決済が53.8%と半数を超えており、インターネット（37.2%）が続いている。カテゴリー別に主たる寄付方法が異なる様子がうかがえる。

　寄付金額別でみると、5,000円以上50,000円未満および50,000円以上では、クレジットカード決済が最も多くなっており、それぞれ35.6%と51.3%である。また、両者の2番目には同じくインターネットが挙がっており、27.1%と34.0%である。大口の寄付がオンラインで行われている。5,000円未満では、手渡し（45.0%）と募金箱（25.0%）が上位を占めている。

※インターネットの寄付は、寄付の行動過程を示すものでもあるが、これにはクレジットカード決済、クリック募金、ポイント寄付などが含まれる。また、クレジットカード決済には、インターネットを介するものと介さないものが含まれている。

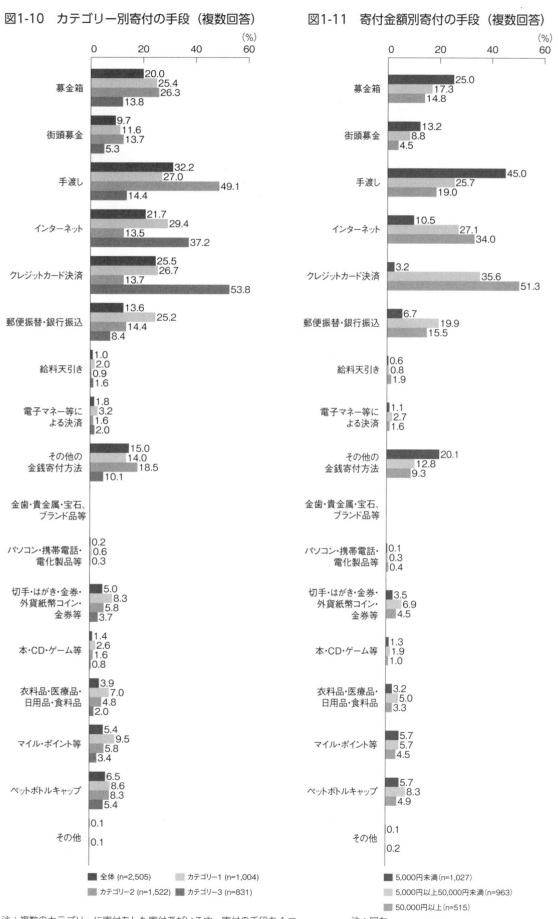

図1-10　カテゴリー別寄付の手段（複数回答）

図1-11　寄付金額別寄付の手段（複数回答）

注：複数のカテゴリーに寄付をした寄付者がいる中、寄付の手段を１つ
　　のみ問うているため、手段に合致しない寄付も含まれることがある。

注：同左

カテゴリー1の主な寄付の動機・きっかけは「関心があったから」、「毎年のことだから」。カテゴリー2は「自治会や町内会が集めに来たから（回覧を含む）」、カテゴリー3は「税の優遇措置があったから」

　分野ごとに寄付の動機・きっかけをみると（表1-11）、大きく3つの理由が挙がった。ほとんどの分野では最も多い回答が、「自治会や町内会が集めに来たから（回覧を含む）」、「毎年のことだから」、「関心があったから」となっている。一部で見られる理由は、「インターネットで知ったから」と「税の優遇措置があったから」である。

　これらの理由をカテゴリーでわけてみると、カテゴリー1の主な寄付の動機・きっかけは「関心があったから」、「毎年のことだから」であり、カテゴリー2は「自治会や町内会が集めに来たから（回覧を含む）」、カテゴリー3は「税の優遇措置があったから」が主要な回答である。

　回答者数が少ないものの、雇用促進・雇用支援およびその他の分野で「インターネットで知ったから」が挙がっており、寄付のきっかけとしてのインターネットでの記事や宣伝などが影響する様子がうかがえる。

　「物品寄付を行った」という回答者は回答者全体の10.1%である。物品寄付を行った回答者のきっかけは、「毎年のことだから」が19.4%と最も多く、「インターネットで知ったから」（18.7%）、「関心があったから」（15.4%）がそれに続く（図1-12）。

　その他のきっかけによるところも多くみられており、特に人とのつながりや近所での活動の存在、メディアの紹介がきっかけとなったという回答も多い。「自治会や町内会が集めに来たから（回覧を含む）」（9.5%）、「職場や学校で紹介してもらったから」（9.2%）、「自宅や勤務先の近くに寄付先の団体の活動拠点や事務所があったから」（8.1%）、「テレビや新聞や雑誌などで寄付先の団体や活動の紹介がされていたから」（7.7%）、「家族や知人や団体を通じて紹介されたから」（7.0%）、「家族や知人や団体から頼まれたから」（6.6%）が挙げられている。

表1-11　分野別にみた寄付のきっかけ（複数回答）

寄付分野	n	きっかけ（1位）	％
カテゴリー1			
まちづくり・まちおこし	75	自治会や町内会が集めに来たから（回覧を含む）	41.3
緊急災害支援	316	関心があったから	29.1
国際協力・交流	271	毎年のことだから	32.1
芸術文化・スポーツ	85	関心があったから	34.1
教育・研究	126	毎年のことだから	25.4
雇用促進・雇用支援	8	インターネットで知ったから	37.5
保健・医療・福祉	125	関心があったから	27.2
子ども・青少年育成	129	関心があったから	25.6
自然・環境保全	148	関心があったから	35.8
権利擁護・権利支援	14	関心があったから	35.7
社会貢献活動の中間支援	130	関心があったから	28.5
その他	10	インターネットで知ったから	50.0
カテゴリー2			
国や都道府県や市区町村（ふるさと納税以外）	119	自治会や町内会が集めに来たから（回覧を含む）	37.8
政治献金	27	関心があったから	33.3
宗教関連	251	毎年のことだから	61.4
共同募金会	1,063	自治会や町内会が集めに来たから（回覧を含む）	69.5
日本赤十字社	482	自治会や町内会が集めに来たから（回覧を含む）	69.5
自治会・町内会・女性会（婦人会）・老人クラブ・子ども会など	440	自治会や町内会が集めに来たから（回覧を含む）	77.3
業界団体・商業団体・労働組合	19	毎年のことだから	31.6
カテゴリー3			
ふるさと納税	797	税の優遇措置があったから	35.3

※各分野において最も多かったきっかけ

図1-12　物品による寄付を行った直接のきっかけ（複数回答）

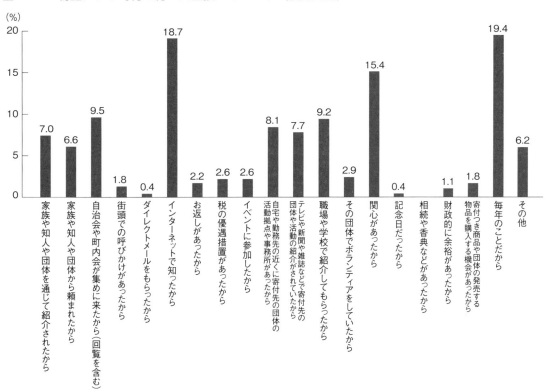

寄付者のうちボランティア活動を行った人41.8%。ボランティア活動をした人はカテゴリー１と２の寄付額が大きい。

　2020 年 1 月から 12 月の 1 年間でボランティア活動をした人の割合は 25.3％であった。金銭寄付とボランティア活動の関係をみると、両方ともした人は 18.5％、金銭寄付のみした人は 25.7％、ボランティア活動のみした人は 6.9％であった。これらの割合は、コロナ禍にもかかわらず、2016 年の結果とほぼ同じであった（図 1-13）。

　金銭寄付をした人のみで集計すると、1 年間でのボランティア活動の経験率は 41.8％であった。寄付先のカテゴリー別にみると、カテゴリー 1 のみに寄付した人のボランティア活動経験率は 37.6％、カテゴリー 2 のみに寄付した人の場合は 47.7％、カテゴリー 3 のみに寄付した人の場合は 19.0％であった。他方、金銭寄付をしなかった人のみで集計すると 12.3％であった。寄付をしている人ほど、ボランティア活動に積極的に関与する傾向がうかがえる（図 1-14）。

　ボランティア活動をしたかどうかでの寄付額の違いを調べてみると、ボランティア活動をした人のうちで金銭寄付をした人の平均寄付額は 30,883 円であるのに対し、ボランティア活動をしなかった人の場合では 42,529 円であった。寄付先のカテゴリー別にみると、カテゴリー 1 と 2 ではボランティア活動をした人の方が平均寄付額は大きい。他方、カテゴリー 3 ではボランティア活動をしなかった人の方が平均寄付額は大きい。ふるさと納税を除けば、ボランティア活動をしている人ほど平均寄付額が大きい傾向がうかがえる（図 1-15）。

図1-13　ボランティア活動と寄付の関係

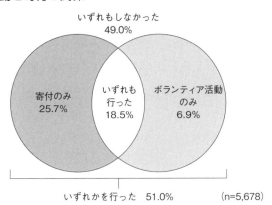

図1-14　金銭寄付の有無別にみたボランティア活動経験率

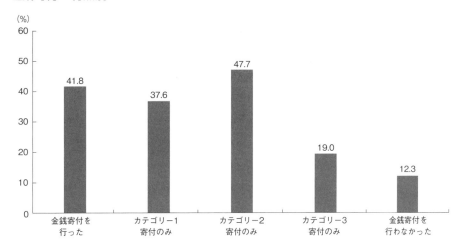

図1-15　ボランティア活動の有無別にみた平均寄付額

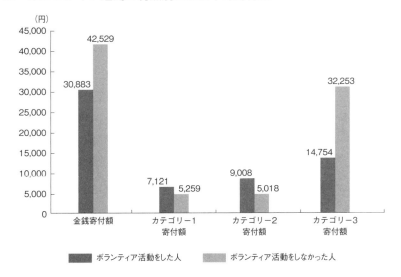

（坂本 治也）

寄付金控除の申請者は、全体の12.6%。その内の7割がふるさと納税を行っている。控除申請をしない理由は、「寄付した金額が2,000円より低かったから」「還付される金額が少ないから」。ワンストップ特例制度の影響の可能性も。

2020年分の所得の確定申告状況については、2021年2～3月の調査時点で、全回答者（n=5,678）の53.6%（n=3,044）が「すでに行った」「これから行う予定である」と回答している。次に、寄付金控除の申請状況については、2,000円超の金銭寄付を行った回答者（n=1,680）のうち42.7%（n=718）が「すでに行った」「これから行う予定である」と回答している。ここでは、確定申告の手続きを必要としないワンストップ特例制度の利用は含んでいない。

つまり、全回答者の12.6%が、確定申告を行うとともに、2020年分の金銭寄付について寄付金控除の申請を行ったということである（図1-16）。また、このうちの71.4%（n=513）がふるさと納税を行っていたことも分かった。

寄付金控除の申請を行わなかった金銭寄付者の理由を整理しよう。申請を行わなかった寄付者には、確定申告は行ったが控除申請を行わなかったグループ（n=798）と、確定申告自体を行わなかったグループ（n=989）の両方が含まれる。

図1-17には、選択された理由の分布をグループ毎に示した。両方のグループで、「寄付した金額が控除を受けられる最低金額（2,000円）より低かったから」という理由を選択する寄付者が最も多く（50.9%，42.4%）、最低金額以上の場合も「申告によって還付される金額が少ないから」という理由を選択する者が次いで多かった（26.4%，22.4%）。

確定申告自体を行わなかった寄付者の理由として特徴的なのは、「ふるさと納税のワンストップ特例制度を利用したから」（14.0%）である。この制度は、確定申告を行わなくてもふるさと納税の寄付金控除を受けられるというものである。一方で、両方を同時に利用することはできないという特徴がある。ワンストップ特例制度を利用した後に確定申告を行った場合は、特例の利用が無効になってしまう。

特例制度を利用したからと回答した14.0%（n=138）のうち、2020年にふるさと納税だけを行った寄付者は60.1%（n=83）であった。ふるさと納税以外の寄付も行っていた、残りの39.9%（n=55）には、特例制度を利用したことで、確定申告を通じて他の非営利団体への寄付の控除申請を行わなかった者が含まれている可能性がある。

図1-16　確定申告の実施割合と寄付金控除の申請割合

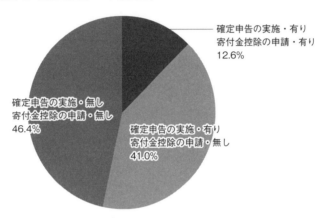

確定申告の実施・有り
寄付金控除の申請・有り
12.6%

確定申告の実施・有り
寄付金控除の申請・無し
41.0%

確定申告の実施・無し
寄付金控除の申請・無し
46.4%

（非寄付者を含む全回答者、n=5,678）

図1-17　寄付金控除の申請を行わなかった理由（金銭寄付者に限定）

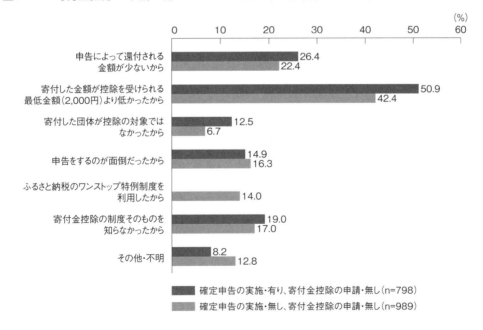

	(%)
申告によって還付される金額が少ないから	26.4 / 22.4
寄付した金額が控除を受けられる最低金額（2,000円）より低かったから	50.9 / 42.4
寄付した団体が控除の対象ではなかったから	12.5 / 6.7
申告をするのが面倒だったから	14.9 / 16.3
ふるさと納税のワンストップ特例制度を利用したから	14.0
寄付金控除の制度そのものを知らなかったから	19.0 / 17.0
その他・不明	8.2 / 12.8

■ 確定申告の実施・有り、寄付金控除の申請・無し（n=798）
■ 確定申告の実施・無し、寄付金控除の申請・無し（n=989）

（佐々木 周作）

法人寄付は6,729億円（2019年度分）、総法人数の10.5%が寄付支出。

　国税庁の税務統計※から法人が行った寄付の概要を知ることができる。直近の2019年度分では、193万9,964社が調査対象である。2019年度に法人の行った寄付支出額は約6,729億円で、法人所得に占める割合は約1.1%であった（国税庁website）。寄付金支出法人数は29万752法人で、総法人数275万8,420法人の10.5%であった。2019年度の寄付金総額約6,729億円のうち、指定寄付金等は1,057億円（15.7%）、特定公益増進法人等への寄付金は857億円（12.7%）、その他の寄付金は4,814億円（71.5%）である（図1-18、図1-19）。

　資本金別に寄付支出総額の2015年から2019年の5年間の推移をみると、対法人所得比は低下傾向にある。また、2019年度は連結法人を除き、いずれの法人規模においても対法人所得比が1%未満となっている（表1-12）。

※国税庁の税務統計では、内国普通法人のうち活動中の会社等（株式会社（旧有限会社を含む。）、合名会社、合資会社、合同会社、協業組合、特定目的会社）、企業組合、相互会社、医療法人を対象としている。

図1-18　法人寄付の推移

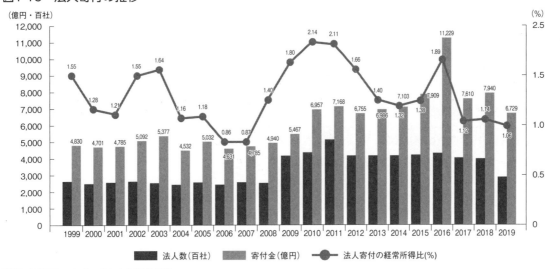

出所：国税庁 website をもとに筆者作成

図1-19　法人寄付の内訳の推移

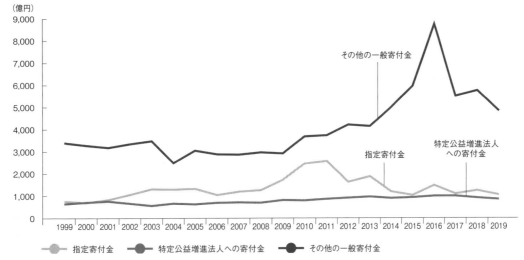

出所：国税庁 website をもとに筆者作成
注：指定寄付等とは、国又は地方公共団体に対する寄付金および財務大臣が指定した寄付金。特定公益増進法人等への寄付とは、特定公益増進法人（独立行政法人、日本赤十字社、公益財団・社団法人、社会福祉法人、学校法人等）、認定 NPO 法人等に対する寄付金

表1-12　法人規模別の寄付

	1,000万円以下		1,000万円超〜1億円以下		1億円超〜10億円以下		10億円超〜100億円以下		100億円超		連結法人	
	寄付支出額（百万円）	対法人所得比（%）	寄付支出額（百万円）	対法人所得比（%）	寄付支出額（百万円）	対法人所得比（%）	寄付支出額（百万円）	対法人所得比（%）	寄付支出額（百万円）	対法人所得比（%）	寄付支出額（百万円）	対法人所得比（%）
2015	85,870	1.19	128,729	1.33	45,409	0.89	114,834	1.71	161,983	0.89	254,075	2.44
2016	95,298	1.24	133,818	1.27	43,902	0.77	72,008	1.04	316,707	1.79	461,144	4.24
2017	95,372	1.10	150,308	1.22	62,798	1.02	64,797	0.88	123,601	0.64	264,144	1.87
2018	127,761	1.38	151,640	1.08	51,678	0.80	40,698	0.55	118,526	0.63	278,868	2.04
2019	98,110	0.99	119,368	0.91	40,538	0.69	56,669	0.80	104,711	0.65	253,548	2.24
5 年平均	100,482	1.18	136,773	1.16	48,865	0.83	69,801	1.00	165,106	0.92	302,356	2.57

出所：国税庁 website をもとに筆者作成

2019年と比べて2020年の金銭寄付の額が減少したと答えた人は11.0％、増加したと答えた人は7.7％。自由に使えるお金や時間の減少が、寄付やボランティアの減少に影響。

　コロナ禍は人々の寄付やボランティア活動にどのような影響を与えたのであろうか。2019年と比べて、2020年の1年間にどのような変化があったのかを尋ねてみたところ、世帯収入が減少した（「やや減った」と「減った」の合計）と答えた人は34.1％、自由に使える金額が減少したと答えた人は27.3％、金銭寄付の額が減少したと答えた人は11.0％、自由に使える時間が減少したと答えた人は16.8％、ボランティア活動時間が減少したと答えた人は14.5％であった（表1-13）。こうした変化は世帯収入が少ない人々の間で、より顕著にうかがうことができる（表1-14）。他方、金銭寄付の額が増加したと答えた人も7.7％、ボランティア活動時間が増加したと答えた人も2.4％いた。

　自由に使える金額や時間が減少したことは、寄付やボランティア活動にどういう影響を与えたのだろうか。この点を調べてみると、自由に使える金額が減少したと答えた人ほど、金銭寄付の額やボランティア活動時間が減少したと答える人の割合が多い傾向がみられる（図1-20）。同様に、自由に使える時間が減少したと答えた人ほど、金銭寄付の額やボランティア活動時間が減少したと答える人の割合が多い傾向がみられる（図1-21）。寄付やボランティア活動には自由に使えるお金や時間などの一定の参加資源が必要になるが、コロナ禍がそういった参加資源の減少を引き起こしている恐れがある。

表1-13　2020年1年間の変化

(%)	増えた	やや増えた	変化なし	やや減った	減った
世帯収入	4.3	5.4	56.3	16.3	17.8
自由に使える金額	2.4	2.8	67.5	11.2	16.1
金銭寄付の額	2.7	5.0	81.3	3.1	7.9
自由に使える時間	6.1	12.7	64.4	8.2	8.6
ボランティア活動時間	0.8	1.6	83.1	4.9	9.5

表1-14　世帯収入と2020年1年間の変化の関係

(%)	世帯収入：減少	自由に使える お金：減少	金銭寄付の 額：減少	自由に使える 時間：減少	ボランティア 活動時間：減少
世帯収入300万円未満	36.3	31.2	12.8	15.9	16.9
世帯収入300万円以上600万円未満	34.1	27.7	10.2	17.7	14.1
世帯収入600万円以上1,000万円未満	33.5	25.2	10.4	17.9	12.5
世帯収入1,000万円以上	27.4	16.3	9.5	13.7	12.4

図1-20　自由に使えるお金の変化と寄付・ボランティア活動の減少の関係

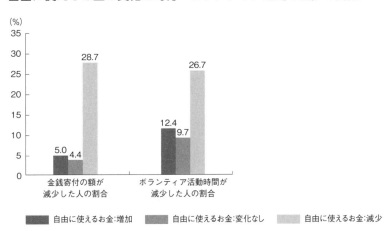

図1-21　自由に使える時間の変化と寄付・ボランティア活動の減少の関係

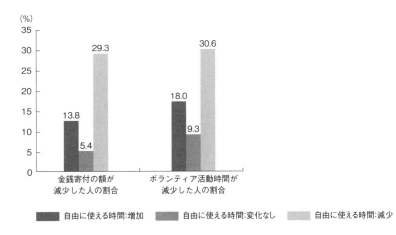

（坂本 治也）

「寄付は未来社会への投資だと思う」に
肯定的な人は51.8％、遺贈寄付に肯定的な人は42.4％。
金銭寄付をしている人としていない人の間で
考え方に違いがみられる。

　寄付についてのさまざまな考え方に対する人々の意見を調べてみたところ、「寄付者の名前は公表されるほうが寄付のしがいがある」という考えに肯定的な人は 25.9％であった。同様に、「寄付は未来社会への投資だと思う」に肯定的な人は51.8％、「将来資産があれば、亡くなる際に一部を遺贈寄付してもよいと思う」に肯定的な人は42.4％、「寄付することによって達成感が感じられる」に肯定的な人は38.3％、「寄付したお金がきちんと使われているのか不安に感じる」に肯定的な人は 77.2％であった（表 1-15）。

　寄付者の氏名公表に抵抗を感じる人、寄付の使い道について不安を感じる人が依然として多いものの、他方で寄付を未来社会への投資と考えたり、寄付を通じて達成感を得たり、将来の遺贈寄付を考えたりする人もある程度多くなってきており、日本における寄付文化の成熟の兆しがみられる。また、遺贈寄付と寄付を通じた達成感については 20 歳代でとくに高まりがみられる（図 1-22）。

　こうした意見の分布は、2020 年に金銭寄付をしている人としていない人の間で一定の差がある（図 1-23）。金銭寄付をしている人のほうが、寄付を未来社会への投資と考えたり、寄付を通じて達成感を得たり、将来の遺贈寄付を考えたりする人の割合が多く、寄付の使い道についての不安を感じる人の割合も少ない。寄付についてのポジティブな考え方が、寄付の経験が乏しい人々にもより広まっていくように、今後も広範な人々を対象にした啓発活動が求められよう。

表1-15　寄付についての考え

(%)	そう思わない	どちらかといえば そう思わない	どちらかといえば そう思う	そう思う
寄付者の名前は公表されるほうが 寄付のしがいがある	36.4	37.8	20.4	5.5
寄付は未来社会への投資だと思う	19.6	28.6	43.6	8.1
将来資産があれば、亡くなる際に 一部を遺贈寄付してもよいと思う	28.4	29.3	32.2	10.1
寄付することによって達成感が 感じられる	27.1	34.6	33.7	4.6
寄付したお金がきちんと 使われているのか不安に感じる	9.0	13.8	40.9	36.3

図1-22　年代別にみた遺贈寄付意向と寄付を通じた達成感

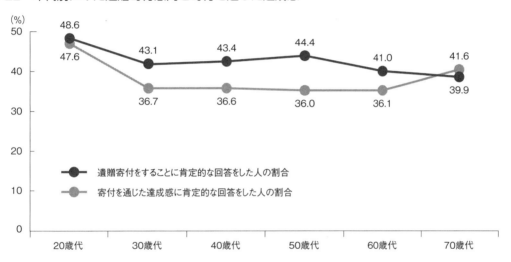

図1-23　金銭寄付の有無と寄付についての考え方の関係

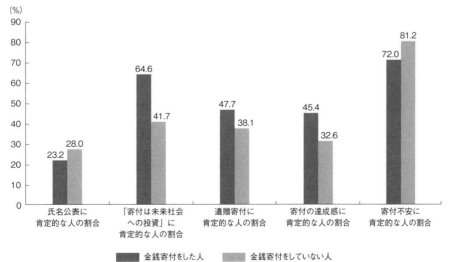

（坂本 治也）

富裕層や著名人が高額寄付をした事実およびその具体的金額の情報を提示すると、100万円以上の高額寄付をしてみようという人が増える。

近年の日本では、富裕層や著名人による高額寄付の事例がメディア報道で取り上げられる機会が増えてきている。こうした報道に接することによって、人々の寄付意欲はどのような影響を受けるのであろうか。

この点を確かめるべく、本調査では「富裕層や著名人の寄付」という情報刺激の効果を検証するためのサーベイ実験を行った。具体的には、全回答者をランダムに6つの群に分け、それぞれの群で異なる情報刺激を与えたうえで、今後1年間での寄付したい金額を答えてもらった（図1-24、表1-16）。

群ごとの平均寄付額（1,000万円以上の外れ値回答を除外したうえで集計）を示すと、図1-25のようになる。統制群に比べて処置群2や処置群4で寄付意向額の平均が高いように見受けられるが、これは統計的に有意な差ではない。また、群ごとに1円以上の寄付意向があった人の割合を集計すると図1-26のとおりとなるが、群間で統計的に有意な差はみられない。

他方、群ごとに100万円以上の高額寄付意向があった人の割合を集計すると、図1-27のとおりとなる。統制群では高額寄付意向があった人は1.4%であるのに対して、処置群2では3.7%、処置群4では4.0%となっており、統制群との割合の差は統計的に有意である。富裕層や著名人が高額寄付をした事実かつその具体的金額を知らせると、「自分も高額寄付をしてみよう」という気持ちになる人がわずかながらも増加する可能性を、この実験結果は示している。少なくとも富裕層や著名人の高額寄付情報が人々の寄付意欲にマイナスに作用する可能性はかなり低いことが示されたといえる。

図1-24　サーベイ実験のデザイン

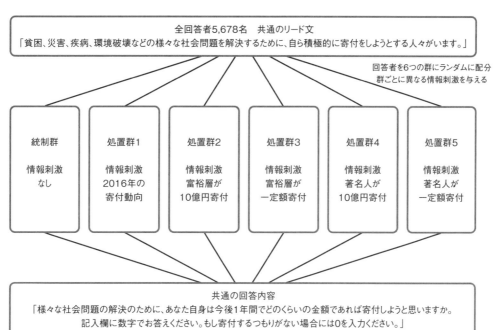

全回答者5,678名　共通のリード文
「貧困、災害、疾病、環境破壊などの様々な社会問題を解決するために、自ら積極的に寄付をしようとする人々がいます。」

回答者を6つの群にランダムに配分
群ごとに異なる情報刺激を与える

統制群	処置群1	処置群2	処置群3	処置群4	処置群5
情報刺激 なし	情報刺激 2016年の 寄付動向	情報刺激 富裕層が 10億円寄付	情報刺激 富裕層が 一定額寄付	情報刺激 著名人が 10億円寄付	情報刺激 著名人が 一定額寄付

共通の回答内容
「様々な社会問題の解決のために、あなた自身は今後1年間でどのくらいの金額であれば寄付しようと思いますか。
記入欄に数字でお答えください。もし寄付するつもりがない場合には0を入力ください。」

表1-16　情報刺激の具体的内容

処置群	情報刺激の具体的内容
処置群1：2016年の寄付動向	「たとえば、日本ファンドレイジング協会『寄付白書2017』の調査によると、2016年の1年間に金銭による寄付を行った人は日本人全体の45.4%、その寄付総額は7,756億円であると推計されています。」
処置群2：富裕層が10億円寄付	「あなたがよく知っている企業の創業者は、社会問題の解決のために、個人資産から10億円を出して寄付をしました。このように、近年の日本では、企業経営者や資産家などの富裕層が積極的に寄付を行う傾向が見られます。」
処置群3：富裕層が一定額寄付	「あなたがよく知っている企業の創業者は、社会問題の解決のために、個人資産から一定額を出して寄付をしました。このように、近年の日本では、企業経営者や資産家などの富裕層が積極的に寄付を行う傾向が見られます。」
処置群4：著名人が10億円寄付	「あなたがよく知っているミュージシャンは、社会問題の解決のために、個人資産から10億円を出して寄付をしました。このように、近年の日本では、芸能人やスポーツ選手などの著名人が積極的に寄付を行う傾向が見られます。」
処置群5：著名人が一定額寄付	「あなたがよく知っているミュージシャンは、社会問題の解決のために、個人資産から一定額の寄付をしました。このように、近年の日本では、芸能人やスポーツ選手などの著名人が積極的に寄付を行う傾向が見られます。」

（坂本 治也）

図1-25　実験群ごとの寄付意向額の平均（1,000万円以上の外れ値回答を除外して集計）

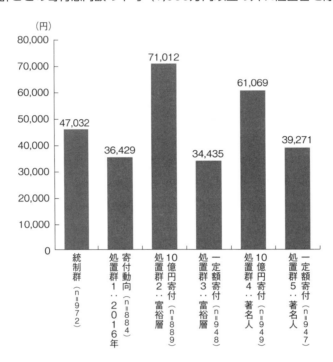

図1-26　実験群ごとの1円以上の寄付意向があった人の割合

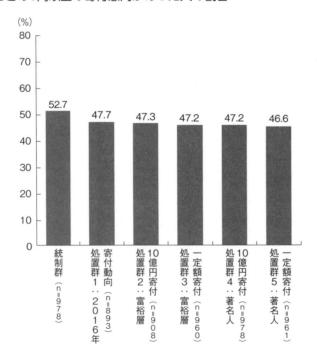

図1-27　実験群ごとの100万円以上の高額寄付意向があった人の割合

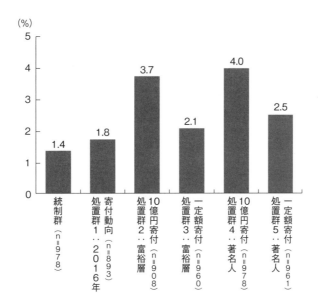

（坂本 治也）

寄付市場に占めるふるさと納税の存在感は
大きくなっている。
ふるさと納税の影響を除外しても、
日本の寄付市場は拡大している。

　都道府県や市町村に対する寄付制度である「ふるさと納税」を利用する者は年々増加している。総務省「ふるさと納税に関する現況調査結果（令和3年度実施）」によると、2020（令和2）年度のふるさと納税の受入件数は過去最高の3,489万件であり、受入総額は6,725億円に達した（図1-28）。

　寄付白書では毎回日本の年間寄付総額を推計しているが、『寄付白書2017』より総務省が公表するふるさと納税の実績値（ただし年度データ）を寄付総額に含めるようにした。寄付総額に占めるふるさと納税額の割合は、2016年の36.7%から2020年には55.5%に増えている。日本の寄付市場において、ふるさと納税の存在感が大きくなっている様子がみてとれる（図1-29）。

　ふるさと納税は寄付者に対して寄付額の3割程度までの返礼品を出すことを国から認められている。このことが「ふるさと納税はそもそも寄付なのか」という議論が起こる背景になっている。そこで、ふるさと納税の総額を7掛けした値に修正したうえで、改めて年間寄付総額およびふるさと納税額分を除いた寄付総額の推計値を算出した（図1-30）。それによると、2020年の年間寄付総額は1兆109億円、ふるさと納税額分を除いた寄付総額は5,401億円となる。ふるさと納税を除外したうえでとらえても、2016年と比べて2020年の日本の寄付市場は拡大傾向にあることが確認できる。

図1-28　ふるさと納税の受入額と受入件数の推移

出所：総務省（2021）

図1-29　日本の年間寄付総額とふるさと納税額の推移

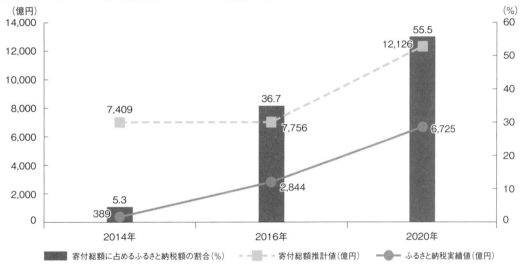

出所：総務省（2021）および本調査、日本ファンドレイジング協会（2015）、日本ファンドレイジング協会（2017）をもとに筆者作成

図1-30　ふるさと納税総額の修正を踏まえた年間寄付総額推計の推移

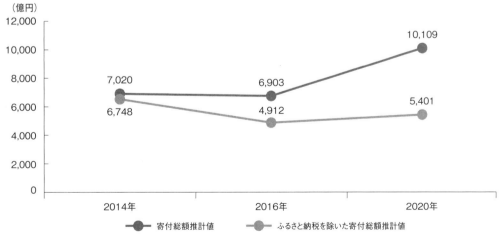

出所：総務省（2021）および本調査、日本ファンドレイジング協会（2015）、日本ファンドレイジング協会（2017）をもとに筆者作成

（坂本 治也）

参考文献

国税庁『会社標本調査結果（税務統計から見た法人企業の実態）』
（https://www.nta.go.jp/publication/statistics/kokuzeicho/tokei.htm）2021/8/5.
総務省（2021）「ふるさと納税に関する現況調査結果（令和3年度実施）」
（https://www.soumu.go.jp/main_sosiki/jichi_zeisei/czaisei/czaisei_seido/furusato/
topics/20210730.html）2021/8/2.
中央共同募金会（2021）「令和2年度　共同募金統計〔募金実績・募金方法別〕」
（https://www.akaihane.or.jp/wp
/wp-content/uploads/c4f0d5f5840ab24496590b4c670cf035.pdf）2021/8/3.
内閣府「国民経済計算（GDP統計）」（https://www.esri.cao.go.jp/jp/sna/menu.html）2021/9/13.
日本赤十字社（2021）「令和2年度一般会計決算書」.
日本ファンドレイジング協会（2015）『寄付白書2015』、日本ファンドレイジング協会.
日本ファンドレイジング協会（2017）『寄付白書2017』、日本ファンドレイジング協会.
Benefactor Group(2021),Giving USA: The Annual Report on Philanthropy（https://
benefactorgroup.com/giving-usa/）2021/9/13.
Charities Aid Foundation (2019), CAF UK Giving report 2019
（https://www.cafonline.org/about-us/publications/2019-publications/uk-giving-2019）
2021/9/13.
Charities Aid Foundation (2020),UK Giving 2020:UK Giving and Covid-19 A SPECIAL REPORT
（https://www.cafonline.org/docs/default-source/about-us-publications/
caf-uk-giving-2020-covid-19.pdf）2021/9/13.
Charities Aid Foundation (2021),CAF World Giving Index 2021 A global pandemic special report
（https://www.cafonline.org/docs/default-source/about-us-
research/cafworldgivingindex2021_report_web2_100621.pdf）2021/9/13.
Giving USA Foundation (2021), Giving USA2021_Full_PPT_Presentation, Giving USA Foundation.
Giving USA Foundation (2021), Giving USA2021_KeyFindings, Giving USA Foundation.
International Monetary Fund, WORLD ECONOMIC AND FINANCIAL SURVEYS World
Economic Outlook Database　April 2021 Edition
（https://www.imf.org/en/Publications/WEO/weo-database/2021/April）2021/9/13.
The Bank for International Settlements, US dollar exchange rates. Average of observations
through period
（https://stats.bis.org/statx/srs/table/i3?m=A）2021/9/13.
The Beautiful Foundation(2018), Giving Korea 2018
（https://www.beautifulfund.org/eng/ResearchPublication.php#TheCenter）2021/9/13.

第2章
新型コロナウイルス感染症と
日本の寄付

佐々木 周作・小川 愛・渡邉 文隆

はじめに

　2019年12月初旬に、中国の武漢市で新型コロナウイルス感染症（以下、新型コロナ）の感染者の一例目が報告された。それから数カ月のうちに、新型コロナは地球規模で大流行してパンデミックとなった。予防ワクチンが早期に開発され、接種計画が進められているが、2021年11月時点で、完全終息の兆しはまだ見えていない。

　この未曽有の危機は、人々の寄付行動や寄付先団体の活動にどのような影響を及ぼしているのだろうか。危機という言葉を目にしたとき、地震などの自然災害の発生時に、たくさんの日本人が被災地や被災者に寄付した事実を思い出す人は多いだろう。『寄付白書2017』によると、1995年の阪神淡路大震災の災害支援として寄付した人の割合は41.6%、2011年の東日本大震災では54.1%、2016年の熊本地震では27.8%となっている（日本ファンドレイジング協会、2017）。

　新型コロナのパンデミックでも、同じように多くの人々が支援のための寄付をしたのだろうか。新型コロナ関連の寄付には、①感染者を支援するための寄付から、②感染拡大を防止する活動を支援するための寄付や、③感染症対策から経済的・社会的な影響を受けた団体や個人を支援するための寄付まであり、支援ニーズは多岐にわたる。

　確かに、寄付を促進する要因は多数ある。新型コロナ関連のニュースは、毎日、あらゆるメディアを通じて報道されている。そのことで支援の必要性は顕在化し、同時に人々の社会貢献意識も高まるだろう。日本国内の団体や活動に支援が必要となる、身近な出来事であることから、共感もしやすいはずである。

　一方で、寄付を阻害する要因も存在する。自然災害の場合と違い、全員に感染するリスクがあり、被害者となる可能性があることが強調されたことは、自分や身近な人以外の他者や団体を支援する気持ちを減退させるだろう。重症化リスクが低い世代には、失業リスクなどの経済的打撃の大きかった層も含まれる。医療機関など、これまではあまり寄付募集をしてこなかった団体が多くの寄付を集めたことで、支援を必要とする他の団体が集めにくくなった可能性もある。緊急事態宣言でそもそも従来の活動が難しくなって、円滑なオンライン対応ができないような場合も、寄付にはマイナスに働くかもしれない。

　第2章では、最初に、新型コロナ関連の寄付の流れを整理した上で、次に、全国寄付実態調査（以下、本調査）の個票データを使用して、どの程度の人がいくら新型コロナ関連の寄付をしたのか、どのような動機で寄付したのか、どのような属性の人が寄付したのか、などを明らかにする。結果として、2020年に新型コロナ関連の寄付を行った人の割合は8.7％であり、震災関連の寄付者率と比べて低い水準になっていることが分かった。一方で、新型コロナ関連の寄付者率は高齢層よりも若年層で高いなど、特徴的な傾向がいくつか観察されている。

　続いて、他の調査データを分析して、人々の新型コロナ関連の寄付意向がどのようなものだったのかを整理する。また、ファンドレイジングのオンライン対応など、寄付先団体側の実態についても報告する。最後に、新型コロナと寄付に関する、米国・英国など海外の調査を参照して、国外の状況を整理する。

図2-1　新型コロナ関連の寄付の促進要因・阻害要因

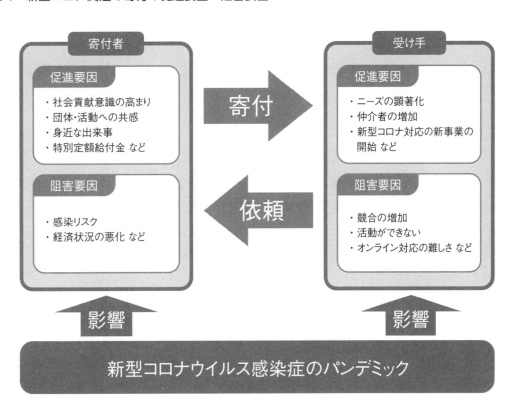

コロナ禍の寄付の流れ

● パートナーシップを通じた個人寄付が盛んに。
● 高額寄付が多数、地方自治体が重要な役割を果たす。
● 金融機関が存在感を発揮。

　新型コロナ関連の寄付は、どのような流れで生じたのか。まず、内閣府ホームページ「新型コロナウイルス感染拡大への対応を支える各種団体の寄附・基金情報」より寄付を受け入れた分野と流れを確認した。次に、2020年1月〜2021年5月末の期間を指定して、複数の新聞・雑誌記事データベースや検索エンジンから寄付の事例を収集した[※]。それらの内容を踏まえて、新型コロナ関連の寄付の流れを図2-2にまとめた。

　寄付者は、個人と法人・団体に大別できる。寄付の仲介者の存在感が大きく、助成団体やIT・金融分野の企業が単独または協力して行った。コロナ禍で、これまで寄付募集を行ってこなかった国内組織や個人が支援を必要としていた中で、資金を取りまとめ仲介する組織や企業が、寄付の募集・配分で大きな役割を果たしていたと言える。事業における契約数等に応じて、法人寄付者が寄付金・物資を出す流れもあった（図2-2 ⑥）。一方で、自然災害時に自治体等を通じて被災者に配分される「義援金」の募集は、新型コロナ関連ではほとんど実施されなかった。

　2020年3月〜6月には、物資の寄付の報道が目立った（図2-2 ①）。資金の寄付の報道は、時期を問わず継続的になされていた。日本赤十字社が「海外への寄付支援意向がわずか6％」という調査結果を発表したが、海外への支援に関する事例や報道は相対的に少なかった。

パートナーシップを通じた個人寄付

　コロナ禍では、個人が直接、医療機関・大学・自治体・NPO等を支援したケースも多数あったが（図2-2 ①）、ふるさと納税仲介企業、クラウドファンディング企業、IT企業、公益財団法人などが個人寄付を受け入れ、他の組織とパートナーシップを組んで支援活動を仲介した例も多くあった（図2-2 ②）。YouTuberのHIKAKIN氏がYahoo!基金とともに約1ヵ月で21.6万人から寄付を集めた事例や、READYFORと東京コミュニティー財団など個人寄付者とのチャネルを有するIT企業が助成財団と組んで活動を展開する事例もあった。非営利組織同士が連携して都道府県を指定して寄付できる47コロナ基金を運営し、地方を支援した事例もあった。

※本節p58〜61の執筆、図版作成にあたっては、章末に掲載の参考資料をもとに行った。

図2-2 新型コロナ関連寄付の流れ

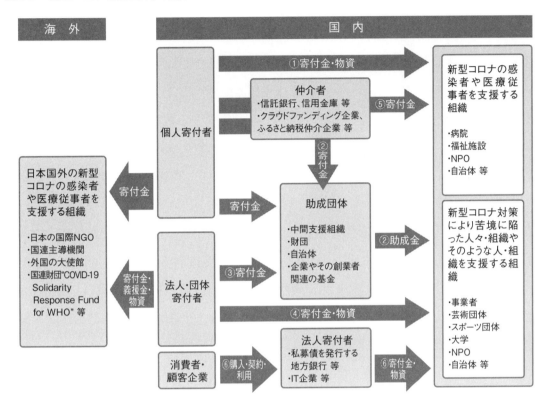

表2-1 パートナーシップによる寄付募集の例

寄付募集プロジェクト等の名称	説明	寄付額（円）	備考
LOVE POCKET FUND	新しい地図の3人と日本財団によるもの。新型コロナ・プロジェクトとして、医師・看護師、ボランティアやその子どもたちを支援。	457,559,047	2021年8月13日
命を守る人を支えたいコロナ医療支援募金	HIKAKIN氏とYahoo!基金によるもの。自治体や医療機関に支援	370,610,274	2020年5月21日から2020年6月30日まで募集
新型コロナウイルス感染症：拡大防止活動基金	READYFORと東京コミュニティー財団によるもの。日本における新型コロナの拡大防止に取り組む個人・団体・事業者・医療機関・自治体などを支援。	726,465,000（2020年4月3日〜7月2日） 872,491,000（2020年7月3日〜12月31日）	2020年4月3日から7月2日までの募集と、7月3日から12月31日までの募集でページが別
全国の「新型コロナウイルス対策」をふるさと納税で応援しよう	トラストバンクのサイト上にて、全国100の自治体がふるさと納税を募集。新型コロナの医療・学び・子育て・経済支援などに活用。	767,395,037	2021年8月13日
コロナ寄付プロジェクト	Yahoo!ネット募金、ふるさとチョイス、パブリックリソース財団によるもの。医療、福祉、文化、雇用などの各分野の助成希望者に提供。	383,754,705	2020年5月8日公開 2021年8月13日
47都道府県「新型コロナウイルス対策」地元基金	地域創造基金さなぶりと全国コミュニティ財団協会によるもの。全国各地の助成交付団体を支援する。	222,090,000	2021年7月31日現在（基金事務局へのヒアリングに基づき、許可を得て掲載）

高額寄付が多数、地方自治体が重要な役割を果たす

　団体や個人による高額寄付の報道が目立った。日本中央競馬会から日本赤十字や自治体等への 30 億円の寄付、ボートレース振興会から日本財団への 10 億円の寄付（図 2-2 ③）、生命保険協会から日本医師会・日本看護協会等への 10 億円の寄付（図 2-2 ④）、ミクシィ創業者の笠原氏が 10 億円を投じた「みてね基金」から NPO への支援などがある。p.105 で詳細がまとめられているように、芸能人・ミュージシャンやスポーツ選手なども寄付した。

　栃木県が企業と個人から義援金 5 億円を受けたように、地方自治体は高額寄付の主たる受け手や仲介者になった。1,000 万円以上の寄付を受け取ったとの報道があった地方自治体の数は、35 を超える（表 2-2）。東京都、大阪府、京都府、静岡県、兵庫県など、数億円以上の規模の寄付が集まるケースもあった。ふるさと納税の普及もこの傾向を後押ししたと考えられる。

　大学は、ワクチン研究や学生支援のための高額寄付の受け手となり、一例として、関西経済連合会から京都大などへの 1 億 6,500 万円の寄付があった。

金融機関が存在感を発揮

　法人寄付者として、また仲介者として、金融機関の存在感が大きかった。三菱 UFJ 銀行は、グループ会社とともに 20 億円の寄付・支援を行った。三井住友信託銀行は、医療支援寄付信託や専用口座の設定によって顧客の寄付を促進した（図 2-2 ⑤）。三菱 UFJ 信託銀行は、インターネット取引の利用に応じて最大 5 億円を日本赤十字社等に寄付する取り組みを展開してのべ 1,282 万人の参加を実現した（図 2-2 ⑥）。企業が発行する社債の一種である「私募債」の取扱件数に応じて地方金融機関が自治体への寄付を行うケースも多数見られた。信用金庫が寄付を仲介するケースや、定期預金の額に応じて寄付するケースもあった。東日本大震災から 10 年を経て、金融機関が顧客の社会貢献をサポートする動きがコロナ禍で加速したと言えそうだ。

表2-2　1億円以上・1,000万円以上の寄付受け取りが報道・公表された自治体の例

1億円以上	[府県] 栃木県・三重県・滋賀県・大阪府・奈良県・鳥取県・徳島県・福岡県・長崎県・熊本県・宮崎県 [市] 江別市・朝霞市・調布市・相模原市・熱海市・和歌山市・鳥取市 など
1,000万円～1億円未満	[都県] 宮城県・埼玉県・東京都・神奈川県・静岡県・島根県・山口県・高知県 [市町] 函館市・根室市・茨城県小美玉市・埼玉県嵐山町・長野市・岐阜県羽島市・高山市・京都市 など

表2-3　コロナ禍での金融機関の取り組み例

金融機関・プロジェクト名	取り組みの例
三井住友信託銀行 「新型コロナワクチン・ 治療薬開発寄付口座」	新型コロナワクチン・治療薬の開発を行っている大学への支援を目的とした口座を開設、寄付を仲介。同行からも各大学に1,000万円ずつ寄付。
みずほフィナンシャルグループ・ J-Coin加盟行 「J-Coin基金」	新型コロナ対策の現場で活動する医療機関や、対策の影響を受けた子どもたち・生活困窮家庭世帯を支援する団体、地域活性化への取組みを行う団体など、幅広い分野の非営利団体を対象に助成を実施。43都道府県の205団体に対して、総額449,481,769円の助成金を交付。
七十七銀行 「７７医療応援私募債」	同行が、私募債発行企業の指定する東北地方の医療機関に寄付。同行からの寄付額は、私募債発行金額の0.25％相当額。30以上の企業から同私募債を受託し、プレスリリースを出している。
九州フィナンシャルグループ	傘下の鹿児島銀行・肥後銀行がそれぞれ鹿児島県・熊本県に1億円ずつ寄付。企業版ふるさと納税を活用。
野村ホールディングス	インドでの新型コロナの急激な感染拡大を受け、現地で活動する団体に対してグループで200万米ドルを寄付。全世界の役員・社員による募金を実施し、野村グループとしてさらに最大200万米ドルのマッチング・ギフトを実施。
埼玉りそな銀行 「埼玉りそなSDGs私募債 ～新型コロナ医療支援ファンド～」	左記私募債への多くの賛同を受け、取扱総額を300億円に増額し、2021年9月30日まで取扱期間を延長。私募債発行金額の0.2％相当額を埼玉県に寄付。

寄付者率・平均寄付金額など

● 新型コロナ関連の寄付を行った人の割合は8.7%。
● 平均寄付金額は26,671円。
● 寄付先の内訳は「医療」（47.0%）・「共助」（32.3%）など。

　ここでは、本調査のデータを使用して、2020年の1年間に日本の人々が行った新型コロナ関連の金銭寄付の実態を把握する。本調査では、新型コロナ関連の寄付を、①新型コロナの感染者を支援するための寄付や、②新型コロナの感染拡大を防止する活動を支援するための寄付に加えて、③新型コロナ関連の対策から経済的・社会的な影響を受けた団体や個人（ご自身や家族を除く）を支援するための寄付も含むものとして、定義している。

　新型コロナ関連の寄付をしたと回答したのは、全体の8.7%（n=492）であった。新型コロナ関連の寄付を含めて何らかの寄付を行った人は44.1%（n=2,505）であったので、全寄付者の19.6%が、新型コロナ関連の寄付を行ったことになる。492名の内、コロナ寄付のみを行ったと判定されるのは50.8%（n=250）であり、半数程度であった。

　新型コロナ関連の寄付金額の平均値は26,671円、中央値は5,000円である。最頻値は10,000円であり、492名の内13.8%の寄付者が支出した。次に多かった金額は1,000円であり、13.6%が支出した。最小値は10円で、最大値は150万円であった。

　次に、分野別に新型コロナ関連の寄付の実態を整理した。内閣府の分類を踏まえて、「医療」「中小企業」「共助」「文化・芸術・スポーツ」「その他」という5種類の寄付先を設定した。
　最も多くの回答者が寄付したのは「医療」の分野であり（47.0%, n=231）、次に多かったのが「共助」の分野であった（32.3%, n=159）。一方で、「医療」「共助」の分野の寄付金額は相対的に低かった。「医療」分野の寄付金額の平均値は12,805円、中央値は3,000円、最頻値は1,000円で、「共助」分野の寄付金額の平均値は17,685円、中央値は2,600円、最頻値は500円であった。
　寄付者率の低かった「中小企業」の分野の寄付金額はむしろ高く、平均値は29,563円、中央値は5,000円、最頻値10,000円であった。

図2-3　新型コロナ関連の寄付者率

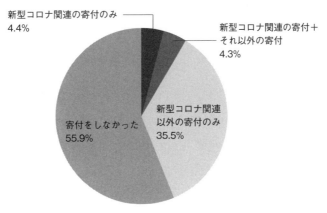

（非寄付者を含む全回答者、n=5,678）

表2-4　新型コロナ関連の寄付金額（全体・分野別）

	n	割合	平均値 （円）	中央値 （円）	最頻値 （円）	最小値 （円）	最大値 （円）
全体：	492		26,671	5,000	10,000	10	1,500,000
分野別：							
「医療」への支援	231	47.0%	12,805	3,000	1,000	10	500,000
「中小企業」への支援 （飲食業／観光業など）	53	10.8%	29,563	5,000	10,000	10	1,000,000
「共助」への支援（福祉／子ども／ 孤立対策／ボランティア活動など）	159	32.3%	17,685	2,600	500	10	500,000
「文化・芸術・スポーツ」への支援	106	21.5%	12,844	5,000	10,000	10	150,000
その他の支援	136	27.6%	32,530	4,000	1,000	10	1,000,000

※割合は、分野別の寄付者数を全体の492名で割って算出している。寄付先の5分類は、複数回答可。

寄付動機

● 「団体・活動への共感」「社会貢献意識」から、新型コロナ関連寄付を
行った人が多い。
● 高額寄付をしたグループでは、特別定額給付金や税優遇関連の
動機の占める比率が高くなる。

2020 年に新型コロナ関連の寄付を行った人は、どのような考え・気持ちから寄付をしたのだろうか。本調査では、「団体・活動への共感」「社会貢献意識」「団体や人との関係性」「自己表現のため」「倫理観・道徳観」「自分自身のため」「周囲の動き」「その他」の 8 分類の下に 23 個の動機を設定して、複数回答で把握した。

図 2-4 には、新型コロナ関連の寄付を行った 492 名全体の結果を示した。この図から、「団体・活動への共感」「社会貢献意識」「団体や人との関係性」という動機から寄付をした人が多かったことが読み取れる。選択率の高かった動機は、順に「他人事ではないと感じたから」（24.4%）、「困難な状況にある団体や個人を応援したいと思ったから」（23.8%）、「団体や活動の趣旨や目的に賛同あるいは共感したから」（23.2%）、「社会の危機に対して、自分も出来ることをしたいと思ったから」（19.5%）、「ボランティア活動ができないため、代わりに寄付をしたいと思ったから」（19.3%）であった。

「特別定額給付金（10 万円）は社会のために活用すべきと思ったから」という動機で寄付をしたと回答した人の占める比率は、全体の 6.3% であった。また、14.8% の人が「特に理由はない」と回答した。

次に、図 2-5 には、新型コロナ関連の寄付金額を使って「1 万円未満（n=269）」「1 万円以上 5 万円未満（n=157）」「5 万円以上（n=66）」という 3 グループに分けて、寄付動機の傾向を整理した。この図から、相対的に低額の寄付をした「1 万円未満」のグループの傾向が全体の傾向と似ており、「団体・活動への共感」「社会貢献意識」「団体や人との関係性」という動機から寄付をした人が多かったことが分かる。

一方で、寄付金額が高くなると、「倫理観・道徳観」「自分自身のため」という動機の比率も高くなる。具体的に、「特別定額給付金（10 万円）は社会のために活用すべきと思ったから」（1 万円以上 5 万円未満：12.1%，5 万円以上：10.6%）、「寄付の特典があるから」（9.6%，24.2%）、「税の優遇措置が受けられるから」（14.0%，22.7%）の占める比率が高かった。

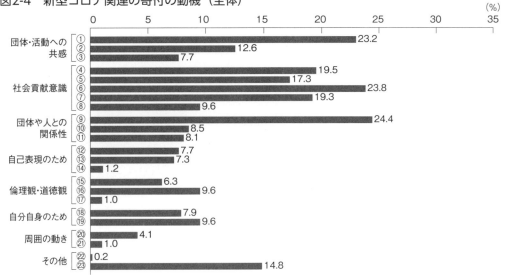

図2-4　新型コロナ関連の寄付の動機（全体）

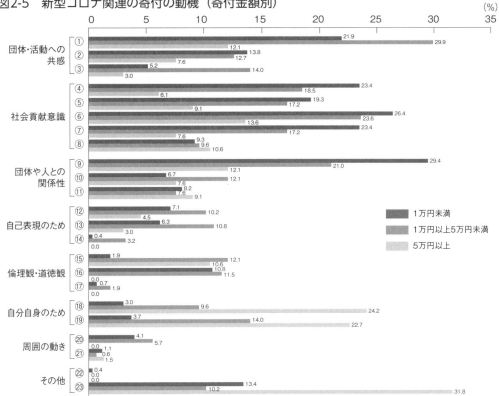

図2-5　新型コロナ関連の寄付の動機（寄付金額別）

1万円未満
1万円以上5万円未満
5万円以上

【説明文】
団体・活動への共感
① 団体や活動の趣旨や目的に賛同あるいは共感したから
② 活動が社会的に評価されているから・信用できる団体だから
③ とても熱心に活動している団体だから
社会貢献意識
④ 社会の危機に対して、自分も出来ることをしたいと思ったから
⑤ 感染対策や医療の最前線で活動している団体や個人を応援したいと思ったから
⑥ 困難な状況にある団体や個人を応援したいと思ったから
⑦ ボランティア活動ができないため、代わりに寄付をしたいと思ったから
⑧ 社会に恩返ししたいから
団体や人との関係性
⑨ 他人事ではないと感じたから
⑩ お世話になったことのある団体や個人が困っていたから
⑪ 家族や友人や職場の同僚が関わっている団体や活動だから

自己表現のため
⑫ 自分の幸福や幸運に感謝したいから
⑬ 寄付することで満足や達成感が得られるから
⑭ 生きていた証を残したいから
倫理観・道徳観
⑮ 特別定額給付金（10万円）は社会のために活用すべきと思ったから
⑯ 倫理的なことや正しいことをしたいから
⑰ 罪滅ぼしをしたいから
自分自身のため
⑱ 寄付の特典があるから
⑲ 税の優遇措置が受けられるから
周囲の動き
⑳ 身近な人が寄付していたから
㉑ 有名人・著名人・企業などが寄付をしていたから
その他
㉒ その他
㉓ 特に理由はない

年齢層別・収入層別など

● 新型コロナ関連の寄付者率は若年層で高く、平均寄付金額は中年層で
　高い。
● 寄付者率・平均寄付金額ともに、低収入層よりも高収入層で高い。

　新型コロナ関連の寄付を行ったのはどのような人だろうか？　ここでは、年齢と世帯収入の階層別に新型コロナ関連の寄付者率と平均寄付金額を整理して、どのような年齢層・収入層の人が寄付したのかを把握する。

　図 2-6 には、年齢層別に、新型コロナ関連の寄付者率と平均寄付金額を示した。全体の寄付者率は、年齢層が上がるにつれて高まるが、新型コロナ関連の寄付者率は、年齢層が上がるほど、若干ではあるが低くなる傾向にある。例えば、全体の寄付者率は、20歳代で 25.5%、70 歳代で 54.7% である。一方で、新型コロナ関連の寄付者率は、20歳代で 9.8%、70 歳代で 7.8% であった。新型コロナ関連の平均寄付金額は、高齢層よりも中年層で高かった。例えば、70 歳代の平均寄付金額は 9,569 円で、50 歳代では60,160 円であった。

　新型コロナに感染した場合の重症化リスクは、高齢層ほど高いことが指摘されている。分析結果から、重症化しにくい若年層が積極的に新型コロナ関連の寄付をしていたこと、中年層が高額寄付をしていたことが読み取れる。

　図 2-7 には、収入層別に、新型コロナ関連の寄付者率と平均寄付金額を示した。この図からは、全体の寄付者率と新型コロナ関連の寄付者率の両方ともに、収入層が上がるにつれて高まることが分かる。世帯年収が 200 万円未満のグループでは、全体の寄付者率が 33.9%、新型コロナ関連の寄付者率が 6.3% で、平均寄付額が 8,412 円である。一方で、1,000 万円以上のグループでは、全体の寄付者率が 58.4%、新型コロナ関連の寄付者率が 13.7% で、平均寄付額が 68,571 円であった。

　新型コロナ関連の寄付者率に、男女差は見られなかった。また、前回の全国寄付実態調査からの継続回答者 2,808 名のデータを用いて分析したところ、2016 年に金銭寄付を行った人の新型コロナ関連の寄付者率（13.2%）の方が、金銭寄付を行わなかった人の寄付者率（4.1%）よりも高かった。つまり、過去に寄付経験のある人の方ほど、新型コロナ関連の寄付をしていたということである。

図2-6　新型コロナ関連の寄付者率・平均寄付金額（年齢層別）

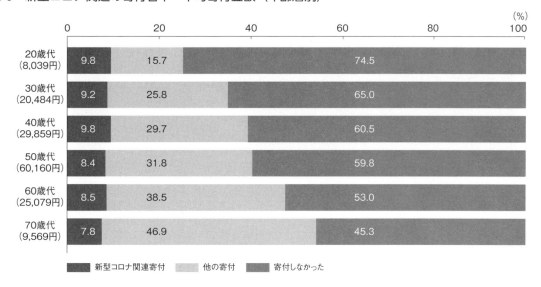

凡例：■ 新型コロナ関連寄付　■ 他の寄付　■ 寄付しなかった

図2-7　新型コロナ関連の寄付者率・平均寄付金額（収入層別）

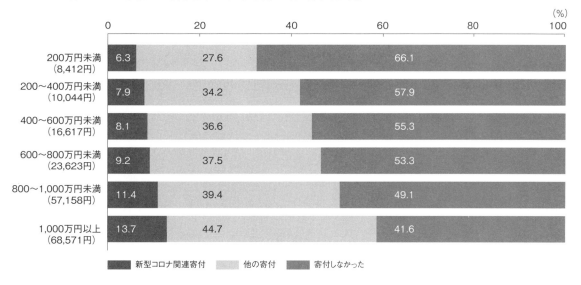

凡例：■ 新型コロナ関連寄付　■ 他の寄付　■ 寄付しなかった

社会意識・態度

● 政府への信頼が低下し、身近な人との助け合いが強く認識されるように
　なった。
● 社会現象を変えられるという意識が強まった人ほど、新型コロナ関連の
　寄付をした。

　新型コロナのパンデミックで、人々の社会意識や態度はどのように変化したのだろう
か？ また、その変化は、寄付行動とどのように関わっているのだろうか？ 本調査では、
「NPO は信頼できる」「政府は信頼できる」「身近な人との助け合いは必要だ」「見知らぬ
他者との助け合いは必要だ」「自らの参加により、社会現象を少しは望ましい方向に変え
られるかもしれない」という文を提示し、これらの意識がコロナ以前と比較して強まった
のか、弱まったのかを把握している。

　図 2-8 から、NPO への信頼はあまり変化がないが、政府への信頼が著しく弱まってい
ることが分かる。信頼が「弱まった」「やや弱まった」と回答した人の割合は、NPO で
は 11.0%、政府では 50.2% である。身近な人との助け合い・見知らぬ他者との助け合い
共に、一定の人が必要性を強く認識するようになったが、身近な人との助け合いを必要と
感じるようになった人の方がより多いようだ。「強まった」「やや強まった」と回答した人
の割合は、身近な人では 43.6% であったが、見知らぬ他者では 29.5% であった。

　自分の参加で社会現象を変えられるかもしれないという意識が「強まった」「やや強まっ
た」と回答した人の割合は、18.1% であった。日本の若者には、諸外国に比べてこの意
識を持っている人が少ないことが知られているが、コロナ禍で意識が強まったのは、どち
らかと言うと、若年層ではなく高齢層だった。「強まった」「やや強まった」と回答した人
の割合は、20 歳代で 16.8%、30 歳代で 14.5% であり、60 歳代で 19.8%、70 歳代で
19.8% であった。

　社会現象を変えられるという意識と新型コロナ関連の寄付の有無の関係を整理した。図
2-9 から、コロナ禍の前後でこの意識が強まった人ほど、寄付をしていたことが分かる。「強
まった」「やや強まった」と回答した人における新型コロナ関連の寄付者率は 17.5% で
あり、「変わらない」と回答した人（6.7%）・「やや弱まった」「弱まった」と回答した人（6.5%）
に比べて 10% 程度高い。

図2-8　コロナ禍前後の社会意識・態度の変化

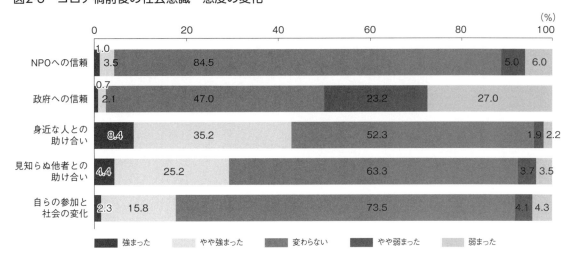

図2-9　社会を変える意識と寄付行動
「自らの参加により、社会現象を少しは望ましい方向に変えられるかもしれない」

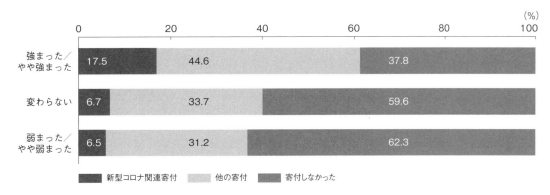

他調査に見る日本の新型コロナ関連寄付

　本調査によると、2020 年に新型コロナ関連の寄付を行った人の割合は、8.7％ であった。過去の震災関連の寄付者率は約 30 ～ 50％ の水準であり、新型コロナ関連の寄付も同水準まで及ぶことが事前には予想されたが、結果として、低く留まった。1 章の「2020 年の変化」（p.44 ～ 45）でもふれたが、寄付には、自由に使えるお金などの一定の参加資源が必要だが、コロナ禍において、そういった参加資源が減少したことが影響している可能性がある。

　Google トレンドを使用して日本における「コロナ　寄付」の検索の人気度を確認すると、2020 年 4 月下旬に多数の検索があったことが分かる。一方で、その後は下降路線をたどり、7 月以降は低水準のままで、2021 年 11 月の現時点まで再び大きく上昇する傾向は観察されていない。

　4 月下旬と言えば、同月 20 日の閣議決定により、基準日（令和 2 年 4 月 27 日）において住民基本台帳に記録されている者一人につき 10 万円の特別定額給付金が給付されることが決定した時期である。生活に余裕のある世帯で、特別定額給付金の一部を新型コロナ関連の寄付に回そうという意識が高まっている、との報道が見られた。

　2020 年 6 月に、コロナ給付金寄付実行委員会、公益財団法人パブリックリソース財団、ヤフー株式会社、株式会社トラストバンクが合同で、特別定額給付金に関する調査を実施し、その中に、給付金の一部を寄付する意向を把握するための質問を設けている。調査時点で、一部を寄付したいと考えていた人は、「そう思う (8.2%)」「ややそう思う (19.7%)」の両方を合わせて 27.9％であった（図 2-10）。年代別に見ると 20 代が一番高く、この年齢層の 37％が寄付したいと回答している。一方で、寄付することを検討していた人のうち、具体的にどの団体に寄付するかまで決定していた人は 24.7％であり、7 割以上の人が「決めていない」「検討中」の状態であった（図 2-11）。他調査（山猫総合研究所・創発プラットフォーム ,2020）でも、給付金による寄付意向が時間とともに減退する傾向が報告されており、当初は意向を持ちながらも実行まで至らなかった人が一定数いた可能性がある。

　一方で、寄付先となる NPO の資金支援のニーズが極めて大きかったことは、2020 年8 月に発表された「全国の NPO 法人アンケート集計結果」から分かる。寄付意向を持ちながらも自分では寄付先を決定できない人と資金支援ニーズを強く持つ団体を、うまくマッチングする仕組みの整備が必要とされる。

図2-10　特別定額給付金の寄付意向

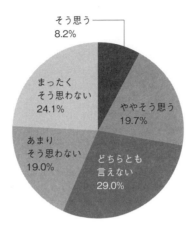

出所：コロナ給付金寄付プロジェクト（2020）
※10万円の給付金のうち、全額でなくても少しの金額でも寄付したいと思うかとの問い。

図2-11　給付金の寄付予定先

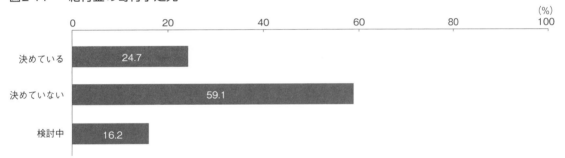

出所：コロナ給付金寄付プロジェクト（2020）
※図2-11にてそう思う、ややそう思う回答者にむけて、具体的にどの団体に寄付をするか決めているかとの問い。

図2-12　コロナ禍で特に必要なNPO支援

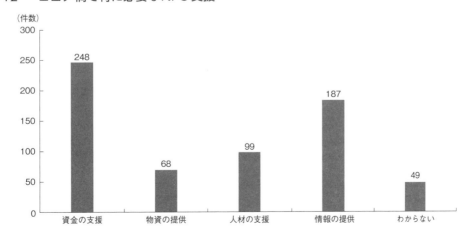

出所：「新型コロナウイルス」NPO支援組織社会連帯（2020）

コロナ禍のファンドレイジングのオンライン対応

- 個人寄付のファンドレイジングで、オンラインツールの活用が増えた。
- 活動分野によって、どのくらいオンライン対応できたかが異なる。

　コロナ禍で対面式のコミュニケーションが制限される中で、非営利組織のファンドレイジングはどのように変化したのだろうか？　2020年11月30日〜12月26日に実施された「日本のファンドレイジングの実態把握調査」より、現役ファンドレイザー282名の回答を紹介する。この調査は、新型コロナの感染拡大が個人寄付のファンドレイジングのためのコミュニケーション手段に与えた影響を把握するために実施された。

　全体的な傾向として、オンラインでのイベント開催や個別面会の実施、団体ホームページやブログ、SNSの利用は「増えた」という回答が多かった。一方で、対面でのイベント開催や個別面会・訪問の実施は「減った」という回答が多く、電話や手紙・DM郵送の利用は「変わらない」という回答が多かった（表2-5）。

　イベントは、寄付を呼び掛けたり、寄付者に活動成果を報告したりする場として位置づけられ、広く開催されてきた。2020年は、オンライン・イベントという新しい形態での開催が社会に浸透したが、ファンドレイジングでの活用状況は、回答者の活動分野によって傾向が異なるようだ。この調査で40件以上の回答が得られた「国際協力・交流」、「保健・医療・福祉」、「教育・研究」の3分野を取り上げて、対面イベントとオンラインイベントが増えたのか／減ったのかをまとめた（図2-13）。

　3分野とも、対面イベントは「減った」、オンライン・イベントは「増えた」と回答したファンドレイザーが多数派だったが、オンライン・イベント開催の頻度が増えたと回答したファンドレイザーの割合が一番高かったのは、国際協力・交流の分野だった。一方で、教育・研究の分野は、オンライン・イベントを過去に一度も開催したことがないと回答したファンドレイザーの割合が一番高かった。

表2-5　コロナ禍におけるコミュニケーション手段の特徴

n=282　コミュニケーション手段の利用頻度	増えた (%)	変わらない (%)	減った (%)	過去に一度も利用したことがない (%)
対面でのイベント開催	2.0	5.0	83.0	10.0
オンラインでのイベント開催	71.0	7.0	2.0	20.0
対面での個別面会・訪問	2.0	12.0	73.0	13.0
オンラインでの個別面会	51.0	12.0	2.0	35.0
電話	17.0	54.0	10.0	19.0
手紙・DM郵送	18.0	64.0	9.0	8.0
電子メール	41.0	50.0	2.0	6.0
プレスリリース・記者会見	11.0	49.0	12.0	28.0
テレビCM・ラジオCM	3.0	22.0	4.0	71.0
新聞広告・雑誌広告	5.0	30.0	7.0	59.0
オンライン広告	15.0	28.0	3.0	54.0
団体ホームページや公式ブログ	47.0	47.0	3.0	3.0
SNS	56.0	33.0	4.0	7.0

出所：佐々木、河村、渡邉、岡田（2020）

図2-13　活動分野別の傾向

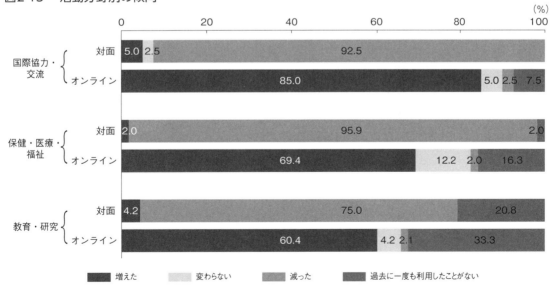

出所：佐々木、河村、渡邉、岡田（2020）

海外調査に見る新型コロナ関連寄付

　海外では、新型コロナのパンデミックが寄付行動に及ぼした影響に関して、どのような調査が行われたのだろうか。

　米国の寄付白書である Giving USA は、2020 年の寄付総額が約 4,714 億ドルで、前年比 5.1% 増であったと報告している。今までに前例のなかった出来事や課題である、新型コロナの対策や BLM（Black Lives Matter）運動を積極的に人々が支援し、それが増加につながったと解釈されている。

　英国の寄付白書 UK Giving を発行しているチャリティエイド財団は、2020 年 1 月から 8 月にかけて実施した 9,000 人対象の調査の結果をまとめて、同年 10 月に、『UK Giving and Covid-19: A Special Report』として発表している。例えば、金銭寄付した人の割合そのものは前年から変化はほとんどなかったが、1 月から 6 月の期間の寄付総額は 54 億ポンドにのぼり、2019 年の同時期に比べると 8 億ポンドも増加した。一人当たりの平均寄付額も、通常のクリスマスシーズンと同じくらいの水準まで上昇した（20 ポンド→ 30 ポンド）。調査では、5%の人が新型コロナのためにすでに寄付額を増やしたと回答し、19%が今後そうするつもりであると回答している。また、寄付者の 11% は、これまでとは異なる団体へ寄付をしたという。

　チャリティエイド財団が、ギャラップの世論調査に基づき毎年発表している「CAF World Giving Index」の最新結果では、世界のあらゆるところで新型コロナのパンデミックの影響が出てきていると指摘している。この調査は、過去 1 カ月間における「見知らぬ人を支援したか」「お金を寄付したか」「ボランティア活動をしたか」について電話調査を行い、各国の寛容度を採点して、国際比較している。最新調査を含めて日本の寛容度は低く採点されることが多いが、特に「見知らぬ人を支援したか」の順位が低く、全体結果に影響している。一方で、全国寄付実態調査から、日本の寄付総額が増加傾向にあることも事実である。日本の寄付市場をさらに発展させるには、見知らぬ他者への支援をどう伸ばすかが重要ということかもしれない。今回の本調査でも、コロナ禍で、見知らぬ他者との助け合いに比べて、身近な人との助け合いが必要だという考えが日本の人々の間でより強くなった傾向が観察されたが、見知らぬ人への支援にはまだまだ発展の余地があるだろう。

表2-6　新型コロナと寄付に関する海外調査

調査名	発行者	調査概要	URL
Giving USA 2021	Giving USA Foundation	米国における寄付実態把握調査。1957年以来毎年実施されており、寄付する側、受け取る側の経年変化を調査している。2020年版報告書では、COVID-19とともにBLM（Black Lives Matters）をはじめとする人種的正義の寄付にも焦点を当てている。	https://givingusa.org/ （有料のため購入後閲覧可能）
UK GIVING AND COVID-19: A SPECIAL REPORT	Charities Aid Foundation	英国における寄付実態把握調査。1,000名程度を対象にしたオンライン調査を毎月行っている。最新の特別報告書では、COVID-19のパンデミックが英国全体の寄付に及ぼした影響を検証し、議論している。	https://www.cafonline.org/docs/default-source/about-us-publications/caf-uk-giving-2020-covid-19.pdf
CAF WORLD GIVING INDEX: A global pandemic special report	Charities Aid Foundation	英国のチャリティエイド財団及び米国の世論調査企業ギャラップの調査に基づき、「他人への支援」「寄付」「ボランティアへの参加」を指数化し、「世界寄付指数」として各国の寛容度を発表している。最新の報告書では、世界のあらゆる所でCOVID-19の影響が出てきていると指摘している。	https://www.cafonline.org/docs/default-source/about-us-research/cafworldgivingindex2021_report_web2_100621.pdf
Charitable Giving Report 2021	Blackbaud Institute	非営利組織向けに世界最大のデータベース提供している企業Blackbaudが、毎年発行している報告書。8,800以上の非営利組織から寄せられた寄付情報に基づき、寄付動向の解説を行っている。最新の報告書では、各国におけるCOVID－19の影響について紹介されている。	https://institute.blackbaud.com/charitable-giving-report/
Coronavirus Response Survey	Association of Fundraising Professionals	2020年5月に、米国のAFP (Association of Fundraising Professionals) が、COVID-19の影響を把握するために行った調査。160人以上のファンドレイザーが回答している。	https://afpglobal.org/70-charities-expecting-drop-revenue-2020-and-beyond
COVID-19, GENEROSITY, AND GENDER: HOW GIVING CHANGED DURING THE EARLY MONTHS OF A GLOBAL PANDEMIC	Women's Philanthropy Institute at Lilly Family School of Philanthropy at Indiana University	COVID-19のパンデミックの初期段階で、米国インディアナ大学が発表した報告書。パンデミックが寄付に及ぼす影響について整理している。	https://www.thenonprofittimes.com/report/study-provides-snapshot-of-early-pandemic-giving/ https://scholarworks.iupui.edu/bitstream/handle/1805/23750/covid-report1.pdf

※本表内では、新型コロナウイルス感染症を調査原文に沿って COVID-19 と表現。

参考文献

コロナ給付金プロジェクト (2020)「10 万円特別定額給付金に関する調査」
　　(https://corona-kifu.jp/pdf/200625b.pdf), 2021/07/15.

佐々木周作・河村悠太・渡邉文隆・岡田彩（2020)「日本のファンドレイジングの実態把握調査」.

「新型コロナウィルス」NPO 支援組織社会連帯 (CIS) (2020)「新型コロナウイルス感染拡大への対応及び支援に関する NPO 緊急アンケート報告書」(http://bit.ly/npo-survey0405), 2021/07/15.

日本ファンドレイジング協会編（2017)『寄付白書 2017』日本ファンドレイジング協会.

株式会社山猫総合研究所・一般財団法人創発プラットフォーム (2020)「新型コロナウイルスに関する調査」(https://yamaneko.co.jp/web/wp-content/uploads/48039e35fff00d982f192814a7f94ae3.pdf), 2021/07/15.

株式会社山猫総合研究所・一般社団法人創発プラットフォーム (2020)「新型コロナウイルスに関する調査 (2020)「新型コロナウイルスに関する調査　第二回」(https://yamaneko.co.jp/web/wp-content/uploads/921c23e7ca539df162b2e4bdd35009e3.pdf), 2021/7/15.

Charities Aid Foundation (2019) CAF WORLD GIVING INDEX Ten years of giving trends (https://www.cafonline.org/about-us/publications/2019-publications/caf-world-giving-index-10th-edition), 2021/7/15.

Charities Aid Foundation (2020) UK GIVING AND COVID-19 A SPECIAL REPORT, (https://www.cafonline.org/docs/default-source/about-us-publications/caf-uk-giving-2020-covid-19.pdf), 2021/07/15.

Charities Aid Foundation (2021) CAF WORLD GIVING INDEX 2021 A global pandemic special report(https://www.cafonline.org/about-us/publications/2021-publications/caf-world-giving-index-2021), 2021/7/15.

Giving USA Foundation (2021) Giving USA (https://givingusa.org/), 2021/7/15.

【p.58 〜 61 参考資料】

あなたの静岡新聞「熱海市に 1 億円、匿名夫婦が寄付　「市の発展のために」」
　　(https://www.at-s.com/news/article/topics/shizuoka/845183.html) 2021/8/11.

伊勢新聞「医療従事者に 1 億円　ジャパンマテリアル　クオカード、県病院協会へ寄付　三重」(https://www.isenp.co.jp/2021/03/31/57926/) 2021/8/11.

茨城県「茨城県新型コロナウイルス感染症対策医療従事者応援金に係る寄附について」(https://www.pref.ibaraki.jp/hokenfukushi/jinzai/ishikakuho/covid-19taisaku_ouenkin0218.html) 2021/9/11.

茨城新聞クロスアイ「新型コロナと最前線で闘う医療従事者ら支援　小美玉市に 1000 万円寄付、市内の建設業 12 社」
　　(https://ibarakinews.jp/news/newsdetail.php?f_jun=16127806157991) 2021/8/11.

今の福岡がわかる！生きた情報を常に発信するサイト テレハチ「日本中央競馬会 福岡県に 2 億円寄付 医療従事者への応援金 (20/09/09 20:15)【TNC ニュース (福岡)】」(http://www.television8.jp/news/6034/) 2021/8/11.

NHK「長野市に匿名で 1000 万円寄付 “ 新型コロナ対策に役立てて ”」
　　(https://www3.nhk.or.jp/news/html/20200605/k10012460051000.html) 2021/8/11.

江別市議会議員 とくだ哲 オフィシャル Web サイト「江別市における新型コロナウイルス感染症対策に関する経済対策等について」(https://www.komei.or.jp/km/ebetsu-tokuda-satoshi/2020/05/15/%E6%B1%9F%E5%88%A5%E5%B8%82%E3%81%AB%E3%81%8A%E3%81%91%E3%82%8B%E6%96%B0%E5%9E%8B%E3%82%B3%E3%83%AD%E3%83%8A%E3%82%A6%E3%82%A4%E3%83%AB%E3%82%B9%E6%84%9F%E6%9F%93%E7%97%87%E5%AF%BE%E7%AD%96%E3%81%AB/) 2021/8/11.

大阪府「新型コロナウイルス助け合い基金について」
　　(https://www.pref.osaka.lg.jp/kenisomu/coronakikin/) 2021/8/12.

神奈川新聞カナロコ「相模原の「支援寄付金」へ 1 億円　アルプス技研創業者」
　　(https://www.kanaloco.jp/news/social/entry-345417.html) 2021/8/11.

関西経済連合会「「関西・新型コロナウイルス医療体制支援基金」へのご寄附の御礼とご報告」
　　(https://www.kankeiren.or.jp/orei_houkoku.pdf) 2021/8/11.

ぎふチャン「国際クラブ、岐阜県羽島市に１０００万円寄付　新型コロナ対策に活用」
　　(https://www.zf-web.com/news/2021/06/04/202000.html) 2021/8/11.

九州フィナンシャルグループ「新型コロナウイルス感染症対策に係る熊本県および鹿児島県への寄付について 」
　　(https://www.kagin.co.jp/library/pdf_release/news20201028_020.pdf) 2021/8/12.

京都市情報館「【広報資料】寄付受納（京都中央信用金庫）について」
　(https://www.city.kyoto.lg.jp/gyozai/page/0000279248.html) 2021/8/11.
京都府「新型コロナウイルス感染症対策応援寄附金の募集について」
　(https://www.pref.kyoto.jp/somucho/news/coronakifukin.html) 2021/8/12.
熊本県「新型コロナウイルス感染症への対応に係る株式会社鹿児島銀行による寄附金贈呈式〜企業版ふ
　るさと納税〜（熊本県庁）」
　(https://www.pref.kumamoto.jp/site/chiji/70386.html) 2021/8/11.
高知新聞「県コロナ寄付金に　高知丸高が１０００万円　知事から感謝状」
　(https://www.kochinews.co.jp/article/429892/) 2021/8/11.
コロナ給付金寄付実行委員会「あなたの思いを　あしたの支援に　コロナ寄付プロジェクト」
　(https://corona-kifu.jp/) 2021/8/13.
埼玉りそな銀行「「埼玉りそな SDGs 私募債〜新型コロナ医療支援ファンド〜」取扱総額の増額ならび
　に取扱期間の延長について」
　(https://www.saitamaresona.co.jp/hojin/oshirase/2021/detail/20210409_sdgs/) 2021/8/12.
産経新聞「〝コロナに役立てて〟男性名乗らずポリ袋で３千万円」
　(https://www.sankei.com/article/20200604-WLB6GMPQ3BN3TDC3T3TFALZ3XQ/) 2021/8/12.
静岡県「新型コロナウイルスに打ち勝つ静岡県民支え合い基金」
　(https://www.pref.shizuoka.jp/kikaku/ki-110/shingatakoronakikin.html) 2021/8/12.
七十七銀行「「７７医療応援私募債（寄付型）」の取扱開始について
　〜地域の医療を「寄付」でサポートします〜」
　(https://www.77bank.co.jp/pdf/newsrelease/20052906_77sibosaikifspt.pdf) 2021/8/12.
下野新聞SOON「ＴＫＣ 義援金５億円寄付　栃木県や全国市町村に　新型コロナ感染急拡大受け」
　(https://www.shimotsuke.co.jp/articles/-/483776) 2021/8/11.
ジュンテンドー「新型コロナウイルス感染症対策への支援として島根県に寄付をいたしました」(https://
　www.juntendo.co.jp/sundays/donationtoshimane.html) 2021/8/11.
商人舎　流通スーパーニュース「杏林堂薬局 news　静岡県へ 1000 万円寄付／県内の医療機関・施設等
　を支援」(https://news.shoninsha.co.jp/covid-19/174876) 2021/8/11.
Sponichi Annex「ボートレース大村、コロナ対策支援で総額 1 億 3000 万円寄付　大村市の医師会、医
　療従事者へ」
　(https://www.sponichi.co.jp/gamble/news/2021/01/29/kiji/20210129s00053000309000c.html)
　2021/8/11.
総社市「新型コロナウイルス　国産ワクチン開発応援寄付」
　(https://www.city.soja.okayama.jp/miryoku/corona/corona_ouenkifu.html) 2021/8/11.
調布市「アフラック生命保険株式会社から１億円の寄附」
　(https://www.city.chofu.tokyo.jp/www/im-con/0000000000000/1588063205193/index.html)
　2021/8/11.
東京都福祉保健局「「守ろう東京・新型コロナ対策医療支援寄附金」の募集」
　(https://www.fukushihoken.metro.tokyo.lg.jp/joho/soshiki/shidou/shidou3/oshirase/koronakifu.
　html) 2021/8/12.
徳島新聞電子版「県のコロナ対策に日亜が 3 億 2063 万円寄付」
　(https://www.topics.or.jp/articles/-/408038) 2021/8/11.
鳥取県「八幡不動産グループからの寄付金贈呈式（新型コロナウイルス感染症対応）」
　(http://db.pref.tottori.jp/pressrelease.nsf/5725f7416e09e6da492573cb001f7512/442A549537E1B35549
　258648002A28A5) 2021/8/11.
内閣府 NPO ホームページ「新型コロナウイルス感染拡大への対応を支える各種団体の寄附・基金情報」
　(https://www.npo-homepage.go.jp/news/coronavirus/kifu-kikinn) 2021/8/12.
日刊工業新聞「新型コロナ／神奈川県信金協、県に 1000 万円寄付」
　(https://www.nikkan.co.jp/articles/view/00568587) 2021/8/11.
日本経済新聞 (a)「上田信金、医療機関への寄付型定期預金」
　(https://www.nikkei.com/article/DGXZQOFB2441Z0U1A220C2000000/) 2021/8/11.
日本経済新聞 (b)「埼玉りそな銀、県のコロナ基金に 1980 万円寄付」
　(https://www.nikkei.com/article/DGXMZO65628580Z21C20A0L72000/) 2021/8/11.
日本経済新聞 (c)「巨人・岩隈、都に 1000 万円寄付　医療従事者支援で」
　(https://www.nikkei.com/article/DGXLSSXK40368_Q0A430C2000000/) 2021/8/11.
日本財団 (a)「LOVE POCKET FUND（愛のポケット基金）」
　(https://www.nippon-foundation.or.jp/what/projects/love-pocket-fund) 2021/8/13.

日本財団 (b)「ボートレース振興会からの 10 億円のご寄付　新型コロナウイルス対策に 感染症指定病院に対する支援を予定」
（https://www.nippon-foundation.or.jp/who/news/information/2021/20210329-55570.html）2021/8/11.

日本食糧新聞「新型コロナ：くら寿司・田中邦彦社長、大阪府へ個人で 1 億円寄付」
（https://news.nissyoku.co.jp/news/sinohara20200706094649445）2021/8/11.

日本赤十字社「【新型コロナウイルス禍における寄付意識の変化に関する実態調査】新型コロナウイルス対策における " 海外への寄付支援意向 " はわずか 6%」
（https://www.jrc.or.jp/press/201127_006468.html）2021/8/11.

日本中央競馬会「新型コロナウイルス感染症対策への支援内容（JRA アニバーサリー当日の売上げからの拠出）」（https://jra.jp/news/202011/110902.html）2021/8/11.

netkeiba.com「ＪＲＡが滋賀県へコロナ対策に 2 億円寄付」
（https://news.netkeiba.com/?pid=tarekomi_view&no=11416）2021/8/11.

野村ホールディングス「インドにおける新型コロナウイルス感染症に対する支援および役職員募金とマッチング・ギフトについて」
（https://www.nomuraholdings.com/jp/news/nr/holdings/20210504/20210504.pdf）2021/8/12.

函館新聞電子版「森川組、コロナ対策で市に 1000 万円寄付」
（https://digital.hakoshin.jp/news/national/62403）2021/8/11.

PR TIMES「「新型コロナ ワクチン・治療薬開発寄付口座」の口座開設について」
（https://prtimes.jp/main/html/rd/p/000000014.000055547.html）2021/8/11.

BUSINESS INSIDER「ミクシィ創業者の笠原氏が個人資産 10 億円寄付で、本当にやりたかったこと」
（https://www.businessinsider.jp/post-216921）2021/8/11.

兵庫県新型コロナウイルス感染症対策本部総務班「ひょうご新型コロナウイルス対策支援基金」（https://hyogo-kikin.jp/）2021/8/12.

ふるさとチョイス　ガバメントクラウドファンディング ®「【寄付受付中】全国の「新型コロナウイルス対策」をふるさと納税で応援しよう」
（https://www.furusato-tax.jp/gcf/lp/gcf_corona-virus?gcftop_shouchou）2021/8/13.

毎日新聞 (a)「新型コロナ　医療従事者の慰労を　和歌山の社長、市に 3 億円寄付　／和歌山」（https://mainichi.jp/articles/20210128/ddl/k30/040/326000c）2021/8/11.

毎日新聞 (b)「新型コロナ　医療従事者激励、県基金に 1 億円　社団法人が寄付　／奈良」（https://mainichi.jp/articles/20200616/ddl/k29/040/397000c）2021/8/11.

毎日新聞 (c)「新型コロナ　ヨークベニマル、県に 1000 万円寄付　医療者ら支援　／宮城」（https://mainichi.jp/articles/20210207/ddl/k04/040/017000c）2021/8/11.

毎日新聞 (d)「新型コロナ　県に 5000 万円、ＪＲＡ寄付　感染対策に　／山口」
（https://mainichi.jp/articles/20201201/ddl/k35/040/202000c）2021/8/11.

みずほフィナンシャルグループ「『J-Coin 基金』による支援について」
（http://www.mizuh-fg.co.jp/release/20200730release-jp_html）2021/10/12.

三菱ＵＦＪ信託銀行 (a)「新型コロナウイルス感染拡大に伴う総額 20 億円の支援および 100 億円規模の投資ファンド立ち上げについて」
（https://www.tr.mufg.jp/ippan/release/pdf_mutb/200514_1.pdf）2021/8/11.

三菱ＵＦＪ信託銀行 (b)「お客さまと共に取り組む医療関係機関への寄付について」
（https://www.tr.mufg.jp/ippan/topics/stayhome.html）2021/8/11.

Yahoo! ネット募金「命を守る人を支えたい　コロナ医療支援募金（Yahoo! 基金）」
（https://donation.yahoo.co.jp/detail/1630047/）2021/8/11.

読売新聞オンライン (a)「宝塚記念の売り上げ一部、ＪＲＡが宮崎県に 1 億円寄付」
（https://www.yomiuri.co.jp/national/20201010-OYT1T50185/）2021/8/11.

読売新聞オンライン (b)「「ひとり親世帯のために使って」男性からまた 1000 万円寄付」
（https://www.yomiuri.co.jp/national/20210306-OYT1T50113/）2021/8/11.

47 コロナ基金「47 都道府県「新型コロナウイルス対策」地元基金」
（https://congrant.com/jp/corona47/index.html）2021/8/11.

47NEWS「＜新型コロナ＞朝霞市に 1 億円、男性が寄付　命懸けで市民を守ってくれる人たちのために「お手伝いを」」（https://www.47news.jp/5754787.html）2021/8/11.

READYFOR(a)「新型コロナウイルス感染症：拡大防止活動基金」
（https://readyfor.jp/projects/covid19-relief-fund）2021/8/11.

READYFOR(b)「新型コロナウイルス感染症：拡大防止活動基金特設ページ」
（https://readyfor.jp/projects/covid19-relief-fund-02）2021/8/11.

コロナ禍のふるさと納税のトレンドと今後の課題

株式会社トラストバンク

　ふるさと納税は、新型コロナウイルスの影響が広がる中、利用者数、寄付金額ともに前年比から大きく増やした。背景には、一般的なネットサービスが伸びたのと同様に巣ごもり需要があるが、多くの人達が多大な影響を受けたコロナ禍だからこその動きもあった。

　ふるさと納税には、寄付の使い道が具体的になっているクラウドファンディング型の仕組みがある。2013年、ふるさとチョイスにて、「ガバメントクラウドファンディング®（GCF®）」というサービス名で提供されたのが始まりだ。この仕組みは、自治体が地域の課題とその課題に対する解決策を提示し、そのプロジェクトに対して寄付を募る。寄付者は、地域の魅力的なお礼の品ではなく、自治体の寄付の使い道や課題への共感で寄付をする。例えば、地場産品を製造する事業者支援や絶滅危惧種の保護といった地域特有の課題から、経済的に生活が厳しいご家庭を支援するプロジェクトや犬猫の殺処分ゼロを目指す取り組みなど、全国共通する社会課題の解決を目指すものまで、様々なプロジェクトが立ち上がっている。火災で全焼してしまった沖縄のシンボル「首里城」の再建プロジェクトでは、9億円を超える寄付が全国各地から集まった。

　寄付文化の醸成には、寄付の受益者に対して寄付金だけでなく支援の声を届けること、そして寄付者側には寄付をした後の納得感が大切だと考える。GCFには、「寄付者メッセージ」を投稿できる仕組みがある。コロナ禍において医療現場で働く医療従事者への支援プロジェクトでは、「医療現場で命を削って使命を果たしてくださっている皆さまのおかげで私たちの生活が成り立っています。本当に感謝しかありません。」「医療従事者の方々、大変な状況の中、心から感謝いたします。どうぞお身体にお気を付けください。感染しない・させないことが一番大切なことだと肝に銘じ、生活します。」といったメッセージが届く。これらの寄付者からのメッセージが、寄付の受益者のモチベーションになり、課題解決の力になる。また、寄付者側においても、寄付の使い道が明確であるため、応援したいプロジェクトに納得感を持って寄付ができる点もGCFの特徴である。

　GCFは、寄付を集めるためにまずはプロジェクトで解決する課題を発信するため、

寄付金を集めるだけではなく、地域の知られていない課題や問題を周知する機会にもなっている。コロナ禍の影響は日本全国に広がっているが、一方で、マスメディアの報道では、ウイルス感染者数が多い地域や、コロナによる影響が大きい分野の情報に偏りがちだ。それらの地域や分野において、支援を募ることは大切だが、全国にはあまり知られていないコロナによる様々な影響が無数に存在する。GCFでは、新型コロナウイルス対策に係る取り組みとして、100を超える自治体がプロジェクトを立ち上げた。そして、7億円を超える寄付が集まっている（2021年7月時点）。全国各地で新型コロナウイルスで被害を受けた方々に対して、ふるさと納税を通じて多くの寄付が届いているのだ。

　一方で、ふるさと納税の利用者には、制度趣旨への理解や地域・社会への貢献意識を持たず、「お得」だからという理由で利用している人達が一定層いる。地域や社会を支援するきっかけとして、まずやってもらうことが重要でもあるため、「お得」がきっかけになることが入り口でも良い。しかし、その後、ふるさと納税を活用して、地域や社会課題への興味につなげていかなくてはならない。ふるさと納税は寄付であり、誰かのためを想い行われる行為でなくては、本来の価値を生まない。

　いま、ふるさと納税は、認知が高まり、多くの人が利用する制度になった。これからは、これまで以上に「誰かのため」を考え、利用される制度にしていくことが重要となる。

第3章
社会的投資の現状

鵜尾 雅隆

社会的投資とは何か

寄付と投資の間にある、「責任投資」「サステナブル投資」「インパクト投資」

　共感的なお金の流れによる社会問題の解決にとって、これまで一般的に取り上げられてきていた寄付に加えて、共感的動機に基づく投資が増加してきている。今回の寄付白書では初めてその全体像を捉えて紹介することで、包括的な社会の共感的なお金の流れの状況を解説することとしたい。

　図 3-1 は、通常の投資から寄付までの間にある、様々な民間資金の流れを整理した図である。一番右端にあるのが、本書でも取り上げている「寄付」である。一般的には自身の利己的動機である経済的リターンというよりは社会課題解決などの社会的リターンを期待した金銭や物品による支援として捉えられる。他方で、左端が「投資」であり、通常の株式市場での株の購入に代表される行為で、一般的には経済的なリターンを主な動機として行われている。

　近年の特徴的な傾向は、この「社会的リターン主目的」「経済的リターン主目的」の間にある、「社会的リターンも経済的リターンも求める（ダブルボトムライン）」という投資行動を選択する人や組織が増えてきているということである。この投資行動についての定義は様々であり、必ずしも国際的に明確な統一的な概念が存在するわけではないが、本項では、Global Steering Group for Impact Investment（GSG）国内諮問委員会の整理を紹介する。

　本整理では、「責任（Responsible）投資」「サステナブル（Sustainable）投資」「インパクト（Impact）投資」の 3 つの投資形態について、主に社会的リターンをどの程度重視しているかに基づいて投資行動を整理している。一般的には、投資先の企業を評価する際に、その企業が環境や社会、ガバナンスへの配慮をしているかを確認する（ネガティブスクリーニング）「責任投資」から、より積極的に創出している社会的リターンを評価する（ポジティブスクリーニング）投資へと段階が分かれているが、投資案件や商品によって、それぞれに特性は多様であり、定義的には重複する部分もある。

図3-1　投資から寄付までの様々な民間資金による課題解決

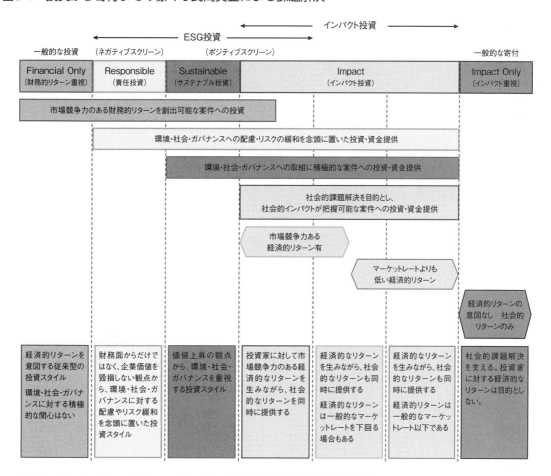

出所：Global Steering Group for Impact Investment（GSG）国内諮問委員会（2021）

急成長する社会的投資の市場規模

ESG投資は世界で35.3兆米ドル、インパクト投資は7,150億米ドル

　近年の重要な民間資金の潮流は、社会課題解決を意図した民間投資の資金の流れの急速な増加であるが、本項ではその市場規模についてまとめる。

　最も大きな規模の資金の流れの変化は、ESG 投資（Environment（E: 環境）、Social(S: 社会)、Governance(G: ガバナンス) に配慮した投資）において生まれている。ESG 投資は、2006 年に国連が提唱した責任投資原則（PRI：Principles for Responsible Investment）を踏まえた投資行動で、企業の E(Environment)、S（Social）、G（Governance）の取り組みを投資先選定の意思決定プロセスに受託者責任の範囲内で反映したうえで投資をするということである。日本においては、年金積立金管理運用独立行政法人（GPIF：2020 年度末運用資産総額 186 兆 1,624 億円／ GPIF website）が 2015 年に PRI 原則に署名したことで ESG 投資への関心が高まり、さらに 2020 年 10 月に菅首相（当時）の所信表明演説で「温室効果ガス 2050 年実質ゼロ」を表明したことも関心を高める要因となっている。Global Sustainable Investment Review 2020 によると、世界の ESG 投資の総額は 35.3 兆米ドルであり、2016 年から実に 15.1％もの伸びを示しており、世界の投資総額の約 3 分の 1 を占める規模が ESG 投資となっていることになる。

　ESG 投資を環境社会配慮型の投資とした場合に、より社会的なリターンを積極的に評価することを目的としたインパクト投資については、2013 年のロンドンの G8 サミット以降、関心の高まりが加速化している。2020 年の GIIN Annual Impact Investment Survey 2020 によると、7,150 億米ドルがインパクト投資の推計投資残高となっている（GIIN、2020）。同調査によれば、2016 年の同じ調査に参加した投資機関は年平均 17％の投資残高の増加があるとしており、インパクト投資市場についても増加傾向にある。

図3-2 世界のESG投資の市場規模

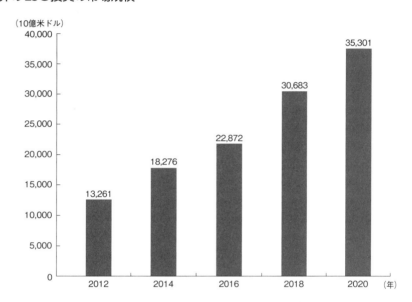

出所：Global Sustainable Investment Review（2014）（2016）（2018）（2020）をもとに筆者作成

図3-3 ESG投資の各国市場規模の変遷

（10億米ドル）

地域	2016	2018	2020
欧州	12,040	14,075	12,017
米国	8,723	11,995	17,081
日本	474	2,180	2,874
カナダ	1,086	1,699	2,423
豪州・ニュージーランド	516	734	906

出所：Global Sustainable Investment Review（2020）をもとに筆者作成

日本の社会的投資の現状

ESG投資は2兆1,800億米ドル、インパクト投資は5,126億円に成長

　ESG投資やインパクト投資等社会課題の解決に資する投資が国際的にも成長をしていく中、日本においても、近年市場規模が拡大してきている。

　ESG投資については、前頁の図3-3のとおり、日本においても2016年の4,740億米ドルから2017年には2兆1,800億米ドルまで急成長しており、欧州、北米等の国と比較しても急速に市場規模が拡大していることが分かる。この成長には、前掲のGPIFのPRI原則への署名に加えて、金融庁が2017年に「責任ある投資家」の諸原則（日本版スチュワードシップ・コード）を改訂し、機関投資家が投資先企業のESG要素を含む非財務情報等を的確に把握することを義務付けたことがある[1]。

　インパクト投資については、図3-4のとおり、アンケート調査に基づく投資残高では5,126億円となっており、最大推計値（ポテンシャル）は2兆6,400億円となっている[2]。

　また、インパクト投資の対象分野については、図3-5のように、回答機関数としては「教育・子育て」「健康／医療」「女性活躍推進」等が上位にあり、投資残高ベースでは、「気候変動への適応と緩和」「再生可能エネルギー」「健康／医療」の順に金額が大きいという傾向がある。

---

[1] 金融庁は2020年3月に日本版スチュワードシップコードを再改訂し、サステナビリティ（持続可能性）等への配慮の要素を更に強くしている等の背景がある。

[2] 最大推計値は、アンケート調査で把握できたものに加えて、社会的インパクト評価の要素である指標の設定を含む事前評価と、モニタリング等の事前評価が設計されていることが、公開情報ベースで確認できた「商品」の、組成金額の総和（GSG国内諮問委員会2020）。

図3-4　インパクト投資残高の規模

定義	市場規模
アンケート調査※で把握されたインパクト投資残高	5,126億円
そのうち、社会的インパクト評価結果が共有されているインパクト投資残高	3,287億円
（参考値） インパクト投資市場の最大推計値（ポテンシャル）	2兆6,400億円

出所：Global Steering Group for Impact Investment（GSG）国内諮問委員会（2021）
※「インパクト投資に関するアンケート調査 2020」（GSG 国内諮問委員会）

図3-5　インパクト投資の分野別傾向

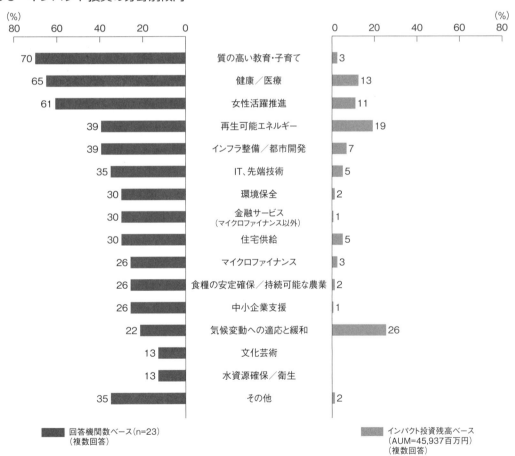

出所：Global Steering Group for Impact Investment（GSG）国内諮問委員会（2021）

ソーシャルインパクトボンド

日本でも広がる官民連携型のインパクト投資

　社会的投資には多様なタイプの案件が存在するが、その中でも注目されているのがソーシャルインパクトボンド（Social Impact Bond）という官民連携でのインパクト投資の仕組みである。

　ソーシャルインパクトボンドは、図 3-6 にもあるとおり、民間の資金提供者からの投融資資金を原資として、業務委託を受けた NPO や企業が社会課題の解決のための事業を実施し、あらかじめ行政機関との間で合意された成果を達成した場合に資金提供者に対して行政から報酬が支払われる仕組みである。行政の利点としては、民間の資金提供者の資金を原資として社会問題の解決を先行して行い、成果が出た場合には、行政サービス支出の削減が期待できる（社会保障費支出の削減や医療費の支出削減等）ため、その削減効果に応じた報酬支払を行いやすい。

　英国で 2010 年頃から始まり、財政状況のひっ迫から新たな社会課題解決策に実験的に取り組む余力のない行政機関、投資的手法で社会課題解決に貢献したい投資機関、社会課題解決のための資金を必要とする NPO や企業のニーズから、世界に広がった。Impact Bond Global Database によると、2021 年 7 月時点で世界に 138 のプロジェクトがあり、総投資額は 4 億 4,100 万米ドルとなっている。

　日本においても図 3-7 のとおり、様々なソーシャルインパクトボンド事業が実施されている。現在ではより広い概念である成果連動型民間委託（Pay for Success）の一類型として、成長している。

図3-6　ソーシャルインパクトボンドの仕組み

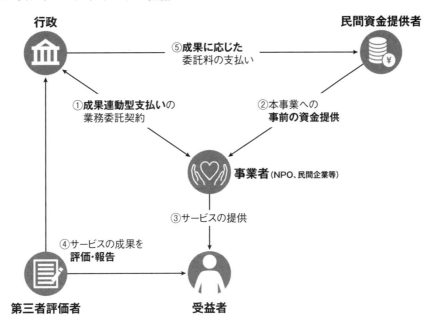

日本ファンドレイジング協会作成

図3-7　ソーシャルインパクトボンドの事例

出所：Global Steering Group for Impact Investment（GSG）国内諮問委員会（2019）

参考文献

年金積立金管理運用独立行政法人（GPIF）　「2020年度末運用残高」（https://www.gpif.go.jp/operation/last-years-results.html）2021/8/10.

GSG国内諮問委員会（2019）「社会的インパクト投資拡大に向けた提言 2019」.

GSG国内諮問委員会（2021）「日本におけるインパクト投資の現状と課題　2020年度調査」.

GIIN（2021）Annual Impact Investment Survey 2020
（https://thegiin.org/research/publication/impinv-survey-2020）2021/8/10.

Global Sustainable Investment Alliance, Global Sustainable Investment Review 2014 〜 2020
（http://www.gsi-alliance.org/）2021/8/10.

第4章
寄付に関する2020年のトピック

岸本 幸子・藤本 貴子

※本章の執筆にあたって、本文ないし図表に出所明示のないものについては章末の参考資料をもとに行った。

寄付型クラウドファンディングの広がり

国内のクラウドファンディングの市場規模は2,000億円超に。
非営利団体や自治体などの寄付金獲得の手法として、
寄付型クラウドファンディングの利用が広がる。

2020年、READYFOR Charityで2つのNPOのプロジェクトが1億円を超える寄付を集めた。一つは特定非営利活動法人ジャパンハートの「【#マスクを医療従事者に】あなたの拡散や寄付が医療の力に」で、14,605人の寄付者による寄付総額は目標金額5,000万円の3倍、1億5,397万円に達した。もう一つは認定特定非営利活動法人抱樸が1億円を目標にした「コロナ緊急　家や仕事を失う人をひとりにしない支援」で、寄付総額は1億1,580万円、寄付者は10,289人であった[※]。

インターネット上のプラットフォームを介して不特定多数の人々から資金を調達するクラウドファンディングの国内市場規模は、矢野経済研究所（2018）の推計によると2018年度で2,000億円超（新規プロジェクト支援額）である。日本では2011年3月にREADYFORが、同年6月にCAMPFIREがサービスを開始し、東日本大震災の寄付チャンネルとしても活用され、2017年度には15,321のプロジェクトを延べ137万人が支援する規模に成長した。クラウドファンディングは資金を募る側の目的や資金の出し手が受け取るリターンの有無・形態などにより、主に購入型、寄付型、ファンド型、貸付型（ソーシャルレンディング）、株式型に分類されるが、支援者数でみると2017年度は購入型が全体の58%（79万人）で最も多かった。支援額では貸付型（ソーシャルレンディング）が約1,534億円で全体の9割を占めており、寄付型は約7億円（0.4%）であった（図4-1、4-2）。

※ 村上財団による3,000万円のマッチング寄付は含まない。

図4-1　国内クラウドファンディングの新規プロジェクト支援額

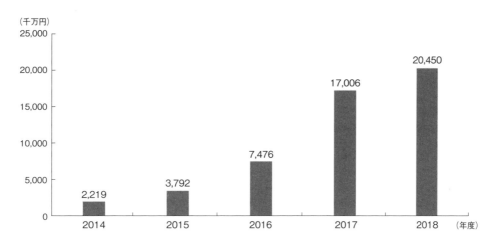

出所：矢野経済研究所（2018）をもとに筆者作成
注：2018年度は見込み値

図4-2　クラウドファンディング市場の構成比（2017年度）

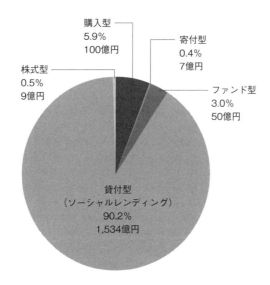

出所：矢野経済研究所（2018）をもとに筆者作成

　三菱 UFJ リサーチ＆コンサルティング株式会社（2020a,b）が消費者庁の委託で 20 歳以上の男女を対象に行ったアンケート調査によると、はじめて購入型・寄付型のクラウドファンディングで支援した時期は 2019 年が 23.1％、2020 年が 26.2％ で、約半数が 2019 年以降だった。回答者の 5.4％ が購入型、5.1％ が寄付型、1.6％ が金融型の支援の経験があり、支援したプロジェクトをみると「災害復興支援」（15.0％）、「地域活性化」（14.8％）、「飲食店、宿泊施設、観光関連事業者等の応援」（14.0％）など、社会貢献分野やコロナ禍での応援も少なくない（図 4-3）。

　「寄付型」のプロジェクトを掲載しているクラウドファンディングプラットフォームには、READYFOR Charity、CAMPFIRE（GoodMorning）、MotionGallery、宙とぶペンギン、A-Port などがある。READYFOR で実施された非営利団体や自治体、学校法人などによるソーシャルカテゴリのプロジェクト数は、2021 年 3 月時点で約 8,100 件、支援者数は約 68 万人、支援総額は約 108 億円である。CAMPFIRE では、2021 年 1 月より、これまでソーシャルグッドに特化した GoodMorning で対応してきた寄付型を、寄付者が税制上の優遇措置を受けることができる法人に限り CAMPFIRE のすべてのカテゴリーで利用可能とした。2021 年 2 月時点での購入型を含めた GoodMorning の総プロジェクト数は 2,900 件、支援者数は 26 万人、総支援額は 26 億円である。

　ふるさと納税で地方自治体が寄付を募るガバメントクラウドファンディング（GCF）も増加しており、「ふるさとチョイス」、「さとふる」などのふるさと納税サイトに加え、REDAYFOR（2016 年〜）、CAMPFIRE（2018 年〜、さとふると業務提携）などでも募集が行われている。ふるさとチョイスを運営する株式会社トラストバンクによると、ふるさとチョイスにおける 2020 年の GCF のプロジェクト件数は 280 件で、コロナ禍の影響もあり、開始以降 8 年で最高となった。

図4-3 購入型・寄付型プロジェクトで支援したプロジェクトの種類

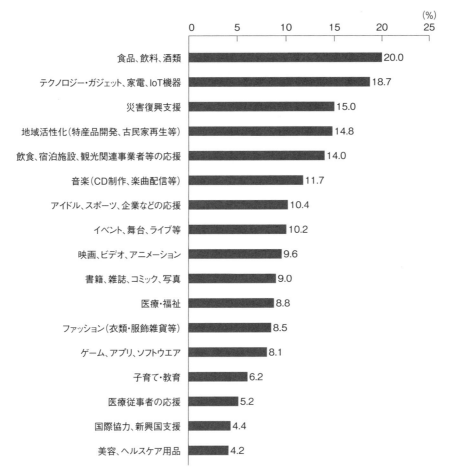

出所：三菱 UFJ リサーチ＆コンサルティング株式会社（2020a,b）をもとに筆者作成

第4章

寄付に関する2020年のトピック

NPOのファンドレイジング力の差が顕在化

**認定法人ではオンライン決済やクラウドファンディングを
活用して寄付を集める傾向。
コロナ禍による事業収入の減少で、
今後の資金の目処が立たない団体が4割に。**

　内閣府の調査（2018）によると、特定非営利活動法人の財源は会費2.8％、寄付金8.0％、補助金・助成金10.9％、事業収益77.0％、その他収益1.3％だが、認定・特例認定法人に限ると寄付金の割合は15.9％で、認定を受けていない法人の2.1％と比べ多くの寄付を得ていることが分かる。寄付金収入（個人）は、認定を受けていない法人では0円が60.1％なのに対し、認定・特例認定法人では100万円超の団体が48.4％、寄付人数（個人）をみても認定・特例認定法人は40.9％で101人以上となっている（図4-4、4-5）。

　寄付にあたり金融機関・郵便局への振り込みが利用できる認定・特例認定法人は94.2％、認定を受けていない法人は54.3％である。クレジットカード決済は21.6％の認定・特例認定法人で可能だが、認定を受けていない法人では2.0％にとどまる（図4-6）。

　特定非営利活動法人の寄付への取り組みと個人からの寄付金額との関係をみると、SNSを活用した情報発信、インターネットを活用した寄付の募集、クラウドファンディングの活用などの割合は、寄付金額が多い団体ほど高くなっている（図4-7）。

図4-4　NPOに対する個人寄付金総額

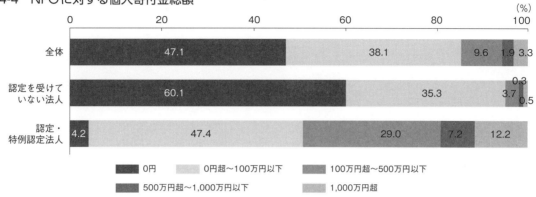

出所：内閣府（2018）をもとに筆者作成
※ 2016年度

図4-5　NPOに対する個人寄付者数

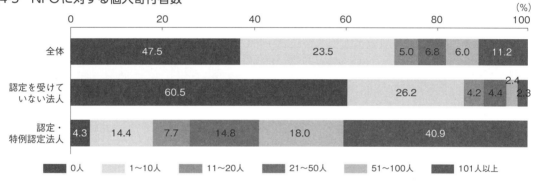

出所：内閣府（2018）をもとに筆者作成
※ 2016年度

図4-6　寄付の受け入れ方法

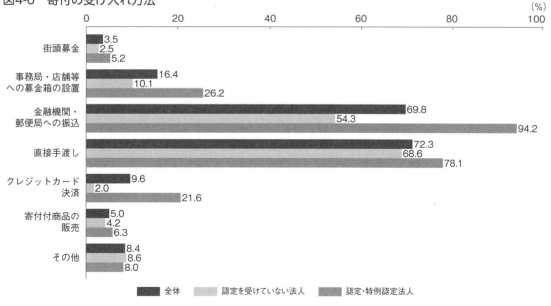

出所：内閣府（2018）をもとに筆者作成
※ 2016年度

第4章

寄付に関する2020年のトピック

　コロナ禍によるNPOなどへの影響については、2020年の春以降、各地の主だった中間支援団体により複数の調査が行われているが、「新型コロナウイルス」NPO支援組織社会連帯（CIS）の調査[※1]によると、事業の縮小や休止が要因となって事業面で影響が出た組織は88%にのぼり、約半数で寄付の減少や委託事業の中止などによる事業収入の減少が生じている。24%の組織は減収に対応するための新事業を開始または予定しているが、活動の休止または解散を検討している組織もこの時点で全体の5%（29組織）あった。

　日本財団の調査[※2]では、2020年度については7割の団体が「資金的目処が立っている」「ある程度立っている」としていたが、2021年度については「ほとんど立っていない」「まったく立っていない」団体が45.5%に増えており、コロナ禍の中で平時の、あるいは新たな事業収入が見込めるかどうかが団体の経営に大きく影響していることがうかがえる（図4-8）。

※1 2020年8月、全国569組織。
※2 第1回2020年8月、全国683団体、第2回2020年9月、429団体。

図4-7　寄付募集の取り組みと寄付総額

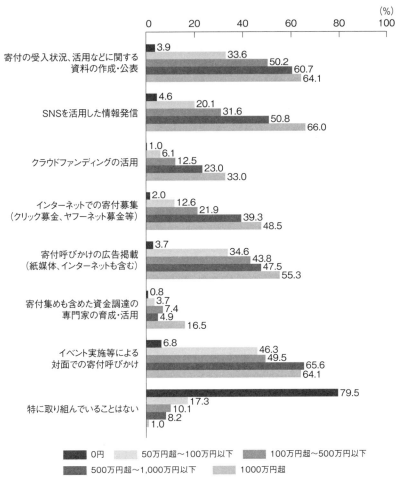

出所：内閣府（2018）をもとに筆者作成
※ 2016年度

図4-8　NPOの今後の資金的目処

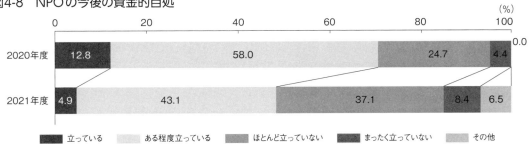

出所：日本財団（2020）をもとに筆者作成

第4章　99

遺贈寄付・不動産寄付の動向

遺贈寄付の認知度は6割超、遺言書への記載は2.5%。
現物寄付のみなし譲渡所得税等の非課税特例の拡充は、
不動産寄付の増加に役立つか。

　国境なき医師団（MSF）日本が2018年に行った調査（20〜70代の男女1,200名）によれば、「遺贈」についての認知度は64.4%とかなり高い。しかし、実際に遺言書に遺贈について記載している人は、同調査の60代、70代でそれぞれ2.5%、日本財団が2020年に行った調査（60〜79歳の男女2,000名）でも0.8%と低い割合にとどまっている（表4-1）。

　実際にどれくらいの遺贈寄付が行われているかを示すデータの一つに、相続税の申告時に行われた遺贈等の寄付による控除の申し出の件数や金額がある。認定特定非営利活動法人シーズ・市民活動を支える制度をつくる会が国税庁に対し開示請求を行った資料によると、件数、金額とも2009年の435件、73億9,057万円から、2019年は780件、167億6,668万円に増加している（図4-9）。

　遺贈寄付の受け手側の状況について内閣府（2018）の調査を例にみてみると、全国の特定非営利活動法人が2016年度に遺贈寄付を受けた件数は46件（n=3,251）で、うち37件は認定・特例認定法人であった（図4-10）。金額でみると全体の28.3%は100万円超〜500万円以下で、中央値は300万円、最小値は1万円、最大値は8億8,900万円であった。

表4-1　遺贈寄付に関する意識調査

調査主体	調査時期・対象	主な結果
国境なき医師団 （MSF） 日本	2018年6月、 20〜70代の男女 1,200名	・「遺贈」の認知度は 全体の64.4%、「遺贈したい」「してもよい」との意向は49.8%。 ・実際に遺言書で遺贈の準備をしているのは60代、70代でそれぞれ2.5%。 ・「NGO・NPOへの寄付」や「株式購入や金融投資」の意向が高い人ほど遺贈意向度が高まる傾向。
日本財団	2020年11月、 60〜79歳の男女 2,000名	・「遺贈してみたい」2.5%、「財産があれば遺贈したい」10.2%、「遺贈に興味・関心は持っている」7.3%と、遺贈に興味や関心を示す人が20%いるが、実際に遺贈するつもりで「遺贈のことは、すでに遺言書に書いている」人は0.6%。
一般社団法人 日本承継寄付協会	2020年8月、 50〜70代の男女 1,000名	・全体として2割、男女とも年齢が低いほど遺贈寄付に興味を持っている。 ・興味を持つ層では、遺贈寄付に関する不安として「遺贈に関する知識不足」（50.3%）が最も高い。

出所：国境なき医師団（2018）、日本財団（2021）、日本承継寄付協会（2020）をもとに筆者作成

図4-9　相続財産の寄付件数と金額

出所：シーズ・市民活動を支える制度をつくる会が国税庁に対し開示請求した資料をもとに筆者作成
※相続税申告分

図4-10　特定非営利活動法人の遺贈寄付の受け入れ状況

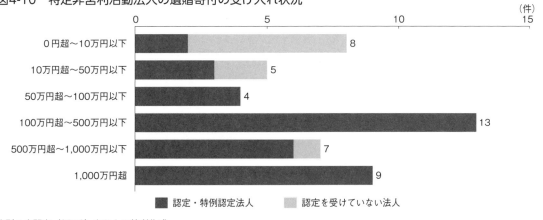

出所：内閣府（2018）をもとに筆者作成
※2016年度

　土地、建物、株式などの現物資産を個人がNPO法人に寄付した場合、「寄付が公益の増進に著しく寄与すること」、「寄付した財産が、寄付日から2年以内に寄付を受けた法人の公益を目的とする事業の用に直接供されること」などを国税庁長官が承認するという要件を満たすと、みなし譲渡所得税（資産の取得時から寄付時までの値上がり益に対する課税）が非課税となる（一般特例）。

　しかし、多くのNPOにとって土地や建物の直接活用は容易ではなく、要件を満たせないため寄付の申し出を断らざるを得ない、あるいはNPOが受け入れ手続きに手間取っているうちに寄付者が寄付を取り下げるといった問題が生じていた。内閣府（2018）の調査では、2016年度に不動産（土地建物等）の現物寄付を受け入れている特定非営利活動法人は3.7%にとどまっている（図4-11）。

　国公立大学法人等や公益社団法人、公益財団法人への現物寄付については、「寄付財産を基金に組み入れる方法により管理すること」という要件が満たされれば、1か月または3か月以内（国立大学法人等以外への株式等の寄付）に国税庁長官の承認／不承認の決定がなかったときは、その承認があったものとみなし、非課税となるという特例（承認特例）がすでに適用されていたが、令和2年度税制改正（2020年4月1日施行）で、この特例が認定NPO法人・特例認定NPO法人にも拡充された。

　「承認特例」は、寄付財産を一定の基金に組み入れる方法について事前に所轄庁の証明が必要だが、適用を受けた場合には、基金内で寄付財産の柔軟な買換え（例：土地→有価証券等など）が可能となる。また、すでに一般特例の非課税承認を受けた寄付財産についても、基金に組み入れた場合には基金内での他資産への買換えができる「特定買換資産の特例」が利用できるようになった。

　現在のところ、こうした制度の認知度や利用度は高いとはいえない。内閣府（2020）の調査よると、認定・特例認定NPO法人に対する寄付の税制優遇制度の認知度は、所得税や相続税の控除なども含め23.1%、利用度は13.2%で、とくに上述の譲渡所得課税に関する優遇措置の利用者は0.8%であった。

図4-11　特定非営利活動法人の現物寄付の受け入れ状況

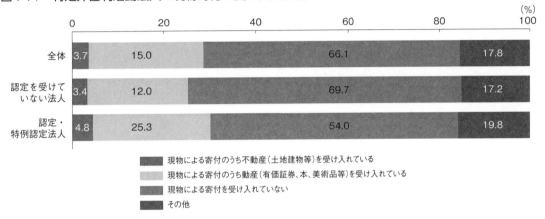

全体　3.7　15.0　66.1　17.8
認定を受けていない法人　3.4　12.0　69.7　17.2
認定・特例認定法人　4.8　25.3　54.0　19.8

■ 現物による寄付のうち不動産（土地建物等）を受け入れている
□ 現物による寄付のうち動産（有価証券、本、美術品等）を受け入れている
▨ 現物による寄付を受け入れていない
■ その他

出所：内閣府（2018）をもとに筆者作成
※ 2016年度

図4-12　現物寄付のみなし譲渡所得税等の非課税特例の拡充

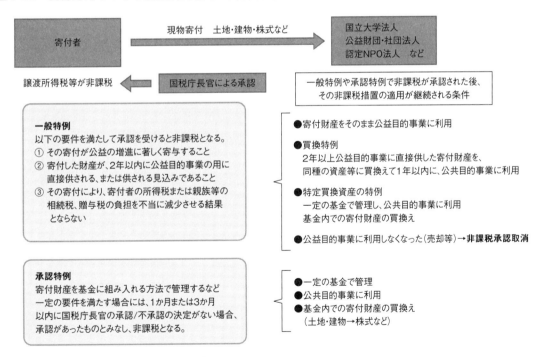

寄付者 → 現物寄付　土地・建物・株式など → 国立大学法人／公益財団・社団法人／認定NPO法人　など

譲渡所得税等が非課税 ← 国税庁長官による承認

一般特例や承認特例で非課税が承認された後、その非課税措置の適用が継続される条件

一般特例
以下の要件を満たして承認を受けると非課税となる。
① その寄付が公益の増進に著しく寄与すること
② 寄付した財産が、2年以内に公益目的事業の用に直接供される、または供される見込みであること
③ その寄付により、寄付者の所得税または親族等の相続税、贈与税の負担を不当に減少させる結果とならない

● 寄付財産をそのまま公益目的事業に利用
● 買換特例
　2年以上公益目的事業に直接供した寄付財産を、同種の資産等に買換えて1年以内に、公共目的事業に利用
● 特定買換資産の特例
　一定の基金で管理し、公共目的事業に利用
　基金内での寄付財産の買換え
● 公益目的事業に利用しなくなった（売却等）→**非課税承認取消**

承認特例
寄付財産を基金に組み入れる方法で管理するなど一定の要件を満たす場合には、1か月または3か月以内に国税庁長官の承認/不承認の決定がない場合、承認があったものとみなし、非課税となる。

● 一定の基金で管理
● 公共目的事業に利用
● 基金内での寄付財産の買換え（土地・建物→株式など）

出所：内閣府NPOホームページをもとに筆者作成

著名人・富裕層による寄付

自然災害やコロナ禍で著名人の寄付も増加。
財団法人や基金設立の動きも。

　令和3（2021）年2月9日付の官報に、公益のために私財（500万円以上）を寄付した者を対象とする紺綬褒章の授与者として、中居正広氏、香取慎吾氏、浜崎あゆみ氏、西島隆弘氏、YOSHIKI氏らの名前が掲載されおり、話題になった。

　企業の創業者や経営者、タレント、ミュージシャンなどの著名人の寄付は、①出身地の自治体や出身大学などに対する現金や株券の寄付（寄付の規模によっては受け手側が基金を設立）、施設建設・寄贈、②大規模災害の発生時などに被災地や出身地の自治体、日本赤十字社等に対して、個人資産から、あるいはチャリティ・イベントなどで集めた募金を義援金等として寄付といった形で行われることが多い。

　社会課題解決のために個人資産で財団法人や基金を設立し、一般からの寄付を募りながら活動団体への支援を行うなどの取り組みもあり、例えばフォーブスの「日本長者番付2021」に掲載された資産額上位20人のうち9人が個人資産で財団を設けている。

　表4-2に2017年7月から2020年7月にかけて新聞等で報道された著名人の寄付をまとめた。

表4-2 著名人による寄付の例（敬称略）

2017年 7 月	漫画原作者の武論尊が、出身地の長野県佐久市に 4 億円を寄付。市が大学進学を目指す若者に給付型奨学金を創設。
2017年11月	京セラ創業者の稲盛和夫が、出身大学の鹿児島大学に個人資産の一部の京セラの株式100万株を寄付（時価約80億円相当）。これまでにも合計約21億円を同大学に寄付。大学は「鹿児島大学稲盛和夫基金（仮称）」を新設する方針。
2018年 7 月	アイドルグループ「嵐」の松本潤が、西日本豪雨被災地支援としてチャリティーイベントの収益から 5 千万円ずつを広島県、愛媛県に寄付。
2018年 7 月	野球選手の前田健太、元選手の黒田博樹が西日本豪雨災害義援金として広島県にそれぞれ1,000万円を寄付。
2018年 7 月	ぐるなび創業者、会長の滝久雄が、母校の東京工業大学と、東京芸術大学、お茶の水大学に10億円ずつ、計30億円を寄付。いずれも日本の学生と留学生が交流するための施設建設費として。
2018年 8 月	日本電産会長の永守重信が、京都府向日市に32億円（市民会館建設寄贈）。2017年11月には「永守記念最先端がん治療研究センター」を70億円かけて京都府立医科大に建設。
2019年 3 月	お笑いコンビのサンドウィッチマンが、いわての学び希望基金に921万円を寄付。2011年 3 月16日に「東北魂義援金」を設立、これまで 4 億 2 千万円を宮城、福島、岩手 3 県へ。
2019年12月	ZOZO創業者の前澤友作が、千葉県館山市に20億円を寄付。千葉県出身で地域活性化のためにふるさと納税を活用。2020年 4 月、全額を新設する「前澤友作館山応援基金」に組み替え、コロナ禍の地域事業者支援の緊急経済対策に。
2020年 4 月	株式会社ミクシィ取締役会長の笠原健治が、個人として寄付する資金10億円を原資に「みてね基金」を設立。子どもやその家族を取り巻く社会課題の解決に取り組んでいる団体に対する活動資金を提供。
2020年 4 月	ミュージシャンのYOSHIKIが、自身が運営する米国非営利公益法人501(c)(3)YOSHIKI FOUNDATION AMERICA を通じて、国立国際医療研究センターへ1,000万円を寄付。呼びかけを受けて、西島隆弘、浜崎あゆみが、それぞれ1,000万円を同センターに寄付。
2020年 4 月	プロ野球読売巨人軍の原辰徳、阿部慎之助、坂本勇人、丸佳浩、菅野智之の 5 人が、東京都内の医療現場を支援するため都に総額5,000万円（各1,000万円）を都に寄付。 5 人の要望を受け、読売新聞社と社会福祉法人「読売光と愛の事業団」が一般から寄付を受け付ける「東京コロナ医療支援基金」を設置。
2020年 5 月	タレントの中居正広が、東京コロナ医療支援基金に1,000万円寄付。
2020年 5 月	YouTuberのHIKAKINが、Yahoo!基金と連携し「コロナ医療支援募金」を立ち上げ、 1 億円寄付。
2020年 5 月	ロックバンドGLAYが、北海道の地域医療を守るため北海道へ1,000万円寄付。
2020年 6 月	ファーストリテイリング会長兼社長の柳井正が、京都大学に総額100億円の寄付。2020年度からがん免疫療法の研究に関する基金に毎年 5 億円を10年間、iPS細胞を使った新型コロナウィルスの研究に 5 億円、「my iPS細胞」の実現をめざすプロジェクトに 5 億円× 9 年間。
2020年 7 月	マンナンライフ創業者の鶴田征男が、会長職を退いた際の退職金 1 億 5 千万円を富岡市に寄付。市内の児童生徒の教育環境整備に。
2020年 7 月	タレントの指原莉乃が、豪雨被災地義援金として大分県と日本赤十字に1,000万円ずつ寄付。
2020年 7 月	新しい地図（稲垣吾郎、草彅剛、香取慎吾）が、生きにくさを抱える女性や子ども、高齢者を支援するためLOVE POCKET FUND（愛のポケット基金）を日本財団と共同で設立し、3,000万円を拠出。作家の湊かなえが1,000万円寄付。

出所：新聞記事データベース（聞蔵Ⅱ、日経テレコン 21、毎策、ヨミダス歴史館）の検索結果をもとに筆者作成
注：期間は 2017 年 7 月〜 2020 年 7 月まで

第4章 寄付に関する2020年のトピック

活発化する大学の寄付集め

国からの交付金・補助金が減り、寄付募集の専任部署設置や
クラウドファンディングの利用など寄付金獲得の取り組みが進む。

　大学の収入は、授業料等や寄付金、民間研究資金、資産運用などの自己収入と、国からの交付金や補助金で構成される。国立大学の収入のおよそ5割は国からの運営費交付金（2019年度10,971億円）だが、2004年度の法人化以降徐々に削減されており、国からの補助金も含めた競争的資金獲得の必要性が増している。私立大学も国から私立大学等経常費補助金（私学助成金）を交付されているが（2019年度2,760億円（一般補助））、収入に占める割合は1980年度の29.5%をピークに減り続けており、現在は1割に満たない。

　2019年度に国立大学法人等が受け入れた寄付は921億円（図4-13）、2018年度に大学を設置している学校法人が受け入れた寄付は1,237億2,800万円（図4-14）で、これらの寄付金が大学の収入に占める割合は、国立私立とも2～3%程度である。

　国立大学の運営費交付金については、国は2019年度予算から一部「成果を中心とする実績状況に基づく配分」のしくみを導入しており、2020年度は「寄付金等の経営資金獲得実績（教員一人当たりの寄付金及び雑収入の獲得実績）」が13ある配分指標の一つとなっている。文部科学省は、2015～2017年度に40の国立大学法人に対しファンドレイザーの雇用を支援（寄附金等外部資金活用促進経費）するなど、2004年度の法人化をきっかけに、とくに国立大学で寄付獲得の取り組みが活発化している。

本節の執筆にあたって、日本ファンドレイジング協会大学チャプターと意見交換の場を持ち、資料・情報の提供等のご協力を頂いた。

図4-13　国立大学法人等への寄付

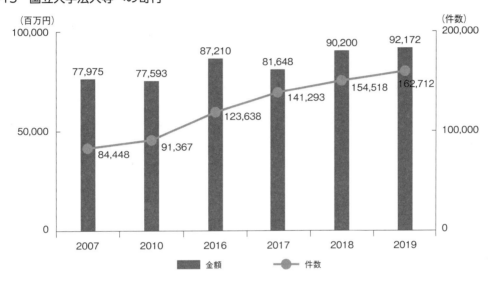

出所：文部科学省高等教育局国立大学法人支援課（2021a）をもとに筆者作成

図4-14　大学を設置している学校法人への寄付

出所：日本私立学校振興・共済事業団編（2021a）をもとに筆者作成

Japan Treasure Summit（2020）が国立大学 86 法人を対象に行ったアンケート調査によると、半数を超える大学で 2016 年に基金室等専任部署が設置され、寄付の募集・受入は「基金室等専任部署」（53.2％）、「総務」（36.4％）が担っている。「寄付募集活動のみに従事する職員を置いている」のは 36.4％で、そのうちの 75.0％（21 大学）に恒常的にファンドレイザーが配置されていた（在籍数計 56 名）。このファンドレイザーがいる 21 大学中 20 大学で、2015 年と比較して調査時に寄付額が増加していた。

大学法人を対象とした日本私立学校振興・共済事業団（2016）の調査では、恒常的に寄付を募集している大学法人は 526 法人中 69％、周年事業など特定の目的で時限的に取り組んでいるのは 12％である。専任の寄付金担当部署を設置している大学法人は 16％、兼任は 63％で、特に担当部署がないとする法人も 19％あった。主に募金活動に従事する担当者が配置されている大学は 20％で、また主な担当者も 83％が以前から在籍する教職員である。

寄付募集の取り組みでクラウドファンディングを利用する例は大学でも増えており、日本ファンドレイジング協会大学チャプターの塚本（2020）は大学クラウドファンディングの種類を 3 つに分類している（表 4-3）。

2020 年は大学でもコロナ禍対策の寄付金募集が行われた。大学チャプター（2020）が 2020 年 6 月に行った調査では、国立 60 大学、公立 14 大学、私立 66 大学の合計 140 大学、文部科学省のサイトにリンクの掲載がある全国の大学の約 18％で募金活動が実施されており、そのほとんどが現役学生への支援を目的とするものであった。

表4-3　クラウドファンディングを活用した大学の寄付集め

クラウドファンディングの プラットフォーム会社と連携	**READYFOR College** 研究・教育分野への寄付を集める大学向けのクラウドファンディングプログラムで、READYFOR が寄付金募集プロジェクトの全体設計や広報活動のアドバイスなどでサポート。 2021年 3 月時点で33大学と業務提携。2017年 1 月の開始より200件以上のプロジェクト、約10億円を調達。
	academist 大学・研究機関・企業等に所属している研究者の研究費獲得に特化した学術系クラウドファンディングサービス。 クラウドファンディングで目標金額を達成したプロジェクトに対し、企業がマッチング寄付として一定額を支援するしくみが取り入れられている。
クラウドファンディングの プラットフォームで プロジェクトを展開	大学の部局、研究室、学生が、プロジェクトとしてクラウドファンディングを実施。
大学・大学関連団体が クラウドファンディングの プラットフォームを立ち上げ	**OTSUCLE（おつくる）** 徳島大学の理事が出資し2016年に設立した一般社団法人大学支援機構が、学内や他大学に提供するクラウドファンディングサービス。大学を中心とする研究・教育・社会貢献などの分野での資金調達を支援。2020年 9 月末時点で累計支援額が 1 億円を突破。2020年12月末までの大学案件のプロジェクト数は40件。
	東京大学基金 2019年 7 月にサイトを大幅リニューアルし、40を越えるすべての基金プロジェクトにクラウドファンディングのプラットフォーム機能を搭載。

出所：塚本（2020）をもとに筆者作成

マッチング寄付

従業員などによる寄付に対し、金額を上乗せして寄付するマッチング寄付制度がある企業はおよそ2割。オンライン募金や非営利団体によるクラウドファンディングにマッチングを行う企業も。

　マッチング寄付（マッチングギフト）とは、従業員などが非営利団体等に行う寄付に対し、企業や団体が一定比率の金額を上乗せし、寄付額を増やして寄付することをいう。

　米国では、まず従業員個人が非営利団体等に直接寄付し、企業にマッチングギフトの申請をする。企業側は寄付先の団体や寄付金額などが自社の要件を満たしていれば、その団体に従業員が寄付した金額の一定比率（多くは同額）を寄付するというのが一般的な流れである。米国でマッチング寄付のデータベースを運用し、非営利団体に寄付獲得ツールを提供している Double the Donation（2021）によると、例えばフォーチュン 500（全米の総収入上位 500 企業）のうち 65％はマッチング寄付プログラムを提供しており、マッチング寄付による企業の寄付額は年間 20 〜 30 億ドル（約 2,134 〜 3,201 億円）と推計されている。Double the Donation の分析では、およそ 9 割の企業が寄付額と上乗せ額の比率を 1：1 としているが、寄付額 1 に対し 2 あるいは 3 の上乗せ、逆に寄付額 1 に対し 0.5 の上乗せという例もある。マッチングの最低額は 50 ドル（5,335 円）かそれ以下とする企業が 9 割、500 〜 10,000 ドル（約 5 万 3,350 円〜 106 万 7,000 円）を従業員一人当たりの年間の上乗せ上限としている企業が 8 割を占めている。

　日本では、従業員が給与天引きなどの方法で継続的に行う寄付に対しマッチングを行い、公募などによりいくつかの団体を選定して寄付する例が多い。また、災害時の緊急募金やチャリティ・イベントなどで従業員寄付にまとめて上乗せする場合もある。東洋経済新報社の 2020 年の「CSR（企業の社会的責任）調査」によると、回答企業のうち 21.5％が制度を導入している（図 4-15）。

図4-15 日本で従業員に対するマッチング寄付制度を導入している企業

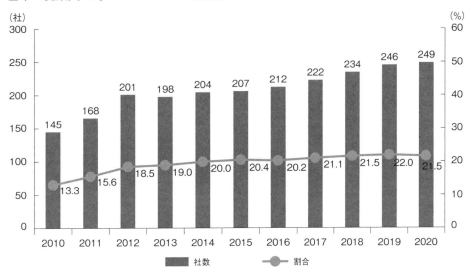

出所：東洋経済新報社（2021）をもとに筆者作成

注：為替レートについては、ドル／円は、日本銀行外国為替市況の参考計数（東京外為市場における取引情報）より当該年の平均レート、ポンド／円、ウォン／円は日本銀行基準外国為替相場および裁定外国為替相場一覧より当該年の平均レートを使用した。1ドル＝106.7円、1ポンド＝137.8円、100ウォン＝9.0円で換算。

　近年は広く一般から寄付を募るクラウドファンディングやオンライン寄付サイトなどでもマッチング寄付が取り入れられている。

　例えば Yahoo! 基金では基金の口座に入金された一般からの募金額やTポイントでの寄付に対し、Yahoo! JAPAN が同額を寄付するマッチング寄付を実施している。上限金額は Yahoo! 基金が実施している募金すべてを合計して毎月 500 万円で、災害緊急支援基金はこれとは別に募金ごとの上限額を設定している。2019 年度のマッチング寄付金はおよそ 7,230 万円だった。2020 年の「新型コロナウイルス 医療崩壊を防ぐための支援」では 3,000 万円のマッチングを行った。

　2019 年に READYFOR が開始した法人向けの READYFOR SDGs では、企業のSDGs 目標、支援テーマに該当する NPO のプロジェクトに対し、企業が目標金額の50％を上限にマッチング寄付を行う。スタート時点で中部電力株式会社など 5 社が総額6,000 万円の寄付を用意した。クラウドファンディングのプロジェクトに対するマッチング寄付は、調達目標額の一定割合を上限とし、プロジェクト実施者が一定の支援額を集めることを支給の条件とする場合が多い。例えば調達目標額の 50％を上限とするマッチングなら、プロジェクト実施者は一般の支援者から本来の調達目標額の 50％を集めれば、企業から残り 50％分の金額を受け取ることができる。しかし、一般の支援額が 50％に達しないとプロジェクトは不成立となり、マッチング寄付も行われない。

　民間企業や財団の協力を得て原資を確保できれば、マッチング寄付は、非営利団体にとって個人寄付を円滑に調達するための有効な仕組みとなる。一方で、日本では現時点で活用経験のあるファンドレイザーは少なく、認知度も高くない。「日本のファンドレイジングの実態把握調査」によると、561 名のファンドレイザーのうち活用経験があるのは約 16％で、約 32％ は仕組み自体を知らなかった。マッチング寄付の浸透には、ファンドレイザーの間でも認知度を向上させる必要があるだろう。

図4-16　マッチング寄付の例

【 従業員の寄付に対するマッチング 】

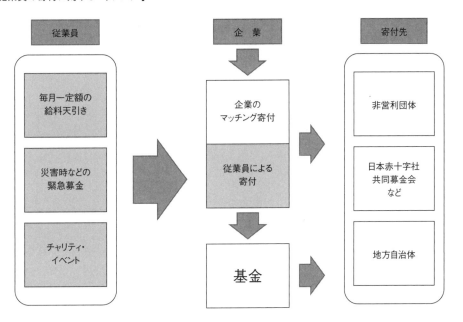

【 クラウドファンディングのプロジェクトに対するマッチング例 】

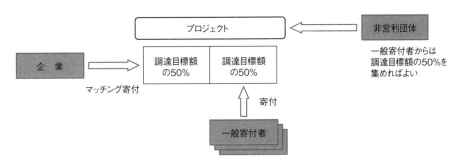

参考文献

国境なき医師団（2018）「遺贈に関する意識調査 2018」
　（http://www.msf.or.jp/legacy_survey2018/pdf/survey2018.pdf）2021/8/17.
佐々木周作・河村悠太・渡邉文隆・岡田彩（2020）「日本のファンドレイジングの実態把握調査」
塚本いづみ（2020）「大学関連クラウドファンディングの事例研究（夏の自由研究）」
　（https://izmy2009.hatenablog.com/entry/2020/08/26/150332）2021/7/14.
東洋経済新報社（2021）「東洋経済 CSR オンライン」（http://www.toyokeizai.net/csr/）
内閣府（2018）「平成 29 年度　特定非営利活動法人に関する実態調査」
　（https://www.npo-homepage.go.jp/toukei/npojittai-chousa/2017npojittai-chousa）2021/10/7.
内閣府（2020）『令和元年度　市民の社会貢献に関する実態調査報告書』
　（https://www.npo-homepage.go.jp/uploads/r-1_houkokusyo.pdf）2021/8/17.
内閣府 NPO ホームページ「現物寄附のみなし譲渡所得税等の非課税特例の拡充」
　（https://www.npo-homepage.go.jp/kifu/kifu-yuuguu/minashijyoto）2021/7/14.
日本財団（2020）「新型コロナ禍 非営利組織に対する影響調査」
　（https://www.nippon-foundation.or.jp/app/uploads/2020/11/new_pr_20201104_01.pdf）2021/7/14.
日本財団（2021）「遺言・遺贈 に関する意識・実態把握調査　要約版」
　（https://www.nippon-foundation.or.jp/app/uploads/2020/12/new_pr_20210105_01.pdf）2021/7/14.
日本私立学校振興・共済事業団（2016）「平成 28 年度 学校法人の寄付募集に関するアンケート」
　（https://www.shigaku.go.jp/files/s_kifu_.questionnaire28-20170802.pdf）2021/7/14.
日本私立学校振興・共済事業団編（2021a）『今日の私学財政　令和 2 年度版 大学・短期大学編』.
日本承継寄付協会（2020）「遺贈寄付に関する実態調査」
　（https://prtimes.jp/main/html/rd/p/000000001.000063820.html）2021/7/14.
日本ファンドレイジング協会大学チャプター（2020）「大学寄付を取り巻く環境｜JFRA 大学チャプター緊急調査「高等教育機関（大学）における新型コロナウイルス感染症に関する寄付募集の状況」
　（https://jfra.jp/fundraisingjournal/3537/）2021/7/14.
三菱 UFJ リサーチ＆コンサルティング（2020a）「クラウドファンディング（購入型）の動向整理」
　（https://www.caa.go.jp/policies/policy/consumer_policy/caution/internet/assets/caution_internet_201013_0001.pdf）2021/10/7.
三菱 UFJ リサーチ＆コンサルティング（2020b）「購入型クラウドファンディングの利用状況に関するアンケート結果」（https://www.caa.go.jp/policies/policy/consumer_policy/caution/internet/assets/caution_internet_201013_0002.pdf）2021/7/14.
文部科学省高等教育局国立大学法人支援課（2021a）「国立大学法人等の決算について～令和元事業年度～」
　（https://www.mext.go.jp/content/20210405-mxt_hojinka-1414829_1.pdf）2021/7/14.
矢野経済研究所（2018）『2018 年版　国内クラウドファンディング市場の市場動向（概要版）』.
Double the Donation（2021）Corporate Giving and Matching Gift Statistics [Updated 2021]
　（https://doublethedonation.com/tips/matching-grant-resources/matching-gift-statistics/）2021/7/14.
Japan Treasure Summit（2020）「我が国の大学における寄附金獲得に向けた課題に係る調査研究」報告書
　（https://www.mext.go.jp/content/20200721-mxt_gaigakuc3-000008906_1.pdf）2021/7/14.

【参考資料】
インターネット版官報「令和 3 年 2 月 9 日（本紙　第 429 号）」
　（https://kanpou.npb.go.jp/old/20210209/20210209h00429/20210209h004290000f.html）2021/10/12.
「新型コロナウイルス」NPO 支援組織社会連帯（CIS）（2020）「新型コロナウイルス感染拡大への対応及び支援に関する NPO 緊急アンケート」（https://www.npo-covid19.jp/#h.3rwrrjfbxaae）2021/10/7.
トラストバンク (2020)「ふるさとチョイス、「ガバメントクラウドファンディング (GCF)」の 2020 年の総括データを発表」（https://www.trustbank.co.jp/newsroom/newsrelease/press393/）2021/10/7.
日本私立学校振興・共済事業団 (2021b)「私立大学等経常費補助金　補助金の交付状況」
　（https://www.shigaku.go.jp/s_kouhujoukyou.htm）2021/10/12.
日本私立大学団体連合会（2018）「高等教育の機会均等に関する要望　データ編」（私立大学の振興に関する協議会）
　（https://www.shidai-rengoukai.jp/information/h29/info0329.html）2021/10/12.
文部科学省（2018）「寄附に係る基礎資料」（平成 30 年度文部科学省寄附フォーラム）（https://www.mext.go.jp/component/a_menu/other/detail/__icsFiles/afieldfile/2018/07/25/1407474_07.pdf）2021/10/12.
文部科学省高等教育局国立大学法人支援課（2020）「国立大学法人運営費交付金を取り巻く現状について」（第 4 期中期目標期間における国立大学法人運営費交付金の在り方に関する検討会（第 1 回）配布資料）
　（https://www.mext.go.jp/content/20201104-mxt_hojinka-000010818_4.pdf）2021/10/12.
文部科学省高等教育局国立大学法人支援課（2021 b）「成果を中心とする実績状況に基づく配分について」
　（https://www.mext.go.jp/a_menu/koutou/houjin/1417427.htm）2021/10/12.
Forbes JAPAN（リンクタイズ）（2021）「日本長者番付 2021」
　（https://forbesjapan.com/feat/japanrich/）2021/10/12.
GoodMorning（2021）「プロジェクトをはじめる」（https://camp-fire.jp/goodmorning/readyfor）2021/10/7.
READYFOR（2019）「企業向け SDGs マッチング事業「READYFOR SDGs」をスタート！」
　（https://blog.readyfor.jp/n/n9b16a9972d3c#5ulUR）2021/10/7.
READYFOR（2021a）「寄付型クラウドファンディングとは？」（https://readyfor.jp/apply/social/）2021/10/7.
READYFOR（2021b）「成立したプロジェクト」（https://readyfor.jp/projects/successful）2021/10/7.
Yahoo! 基金 (2021)「Yahoo! 基金について」（https://kikin.yahoo.co.jp/profile/#accounting_report）2021/10/7.

東日本大震災と民間助成：
NPOへの活動支援金に10年間で405億円の助成を実施

大阪商業大学公共学部 専任講師　中嶋 貴子

　東日本大震災では、地震発生直後から国内外の NPO や NGO が多様な支援活動を提供しており、活動財源である活動支援金を提供する民間助成制度も多数設立された。民間助成の設立や運営に携わる助成事業担当 PO（プログラムオフィサー）らは、2016 年 12 月に GPON：助成実務者ネットワーク（https://blog.canpan.info/gpon/）を発足し、業種や組織を超えて情報交換を行ってきた。2021 年 4 月に GPON の災害分科会東日本大震災総括メンバーが全国の主要な民間助成団体に協力を得て調査した結果、震災発生時から 2020 年度までの 10 年間に、のべ 18,860 件、総額で 405 億 7,900 万円の助成が実施されたことが明らかになった※。

民間助成団体による助成総額と助成実施団体当たりの助成金額

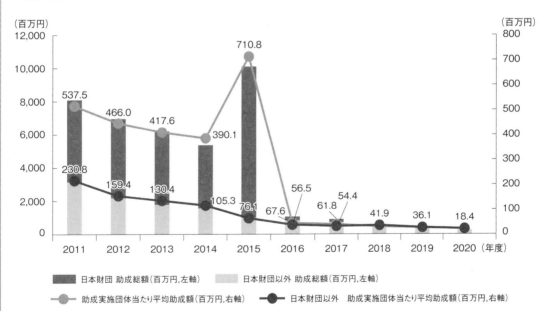

出所：調査結果より筆者作成

　調査では、日本財団が2011年度から2014年度まで毎年約48億円から40億円の助成を実施したほか、東日本大震災を機に助成を開始した組織が4割あったこともわかった。また、プログラムオフィサーの6割は助成事業の研修や組織内に相談相手がおらず、研修制度なども皆無であったことが本調査によって浮き彫りにされた。当時、日本では、ほとんど前例のない活動支援金への助成を経験や知識の少ないPOらが担当することは容易ではなかったことがうかがえる。災害と資金を専門とするPOの育成やノウハウの共有は急務である。本調査結果の詳細についてはGPONのホームページにて公開されている。

※「東日本大震災にかかわる民間助成プログラムの実態と教訓把握のための調査」2021年4月17日〜5月10日にWeb調査を実施、回答数25、回答率60％。

ふるさと納税と寄付 ～ふるさと納税の知られていない側面

株式会社トラストバンク

　ふるさと納税制度にはもともとお礼の品はなかった。ふるさと納税がまだ認知されていなかった当時、ある自治体が寄付をしてくれたお礼に、感謝を伝えるためお手紙を送った。そして、お手紙だけではなく、地域のことを知ってもらおうと"お礼の品"も送った。寄付に対するお礼だから、お礼の品や返礼品と呼ばれているのだ。

　それが、ある時から、豪華な品をお返ししたら寄付が集まるようになり、その"手法"で一部の自治体が寄付集めを始めたことが、返礼品競争の始まりである。

　2019年6月、ふるさと納税に係る指定制度が創設され、「返礼品の返礼割合を3割以下にすること」「返礼品を地場産品にすること」というルールが設けられたことで、自治体間の返礼品競争は一時の過剰な競争からは落ち着いた。

　そういった経緯もあり、「ふるさと納税を寄付と考えるか」という議論がある。税制としての考え方はここでは述べないが、寄付へのお返しがお手紙であれば、そういった議論にはならないだろう。要するに、寄付という行為に対して、寄付者側への見返りがあることで、誰かを支援するという寄付の本質が見えにくくなっていることが、この議論の根底にあるのではないかと思う。

　ふるさと納税はここ数年で多くの人が利用するようになった。その中で近年、災害支援の認知が高まっている。株式会社トラストバンクの調査（株式会社トラストバンク,2021）では、ふるさと納税の災害支援を「知っている」と答えた人は59.2%で、2017年比で11.4ポイント増加した。「寄付したことがある」と答えた人も20.2%と同年比7.6ポイント増えた。背景には、2017年以降に大規模災害が多発し、寄付を募る自治体が増えたことや、ふるさと納税の災害支援に関する報道の増加が考えられる。ふるさと納税を活用した災害支援には、原則お礼の品は用意されていないが、多くの人がふるさと納税を通じた被災地を支援している。また、寄付を集める側の自治体にも変化が生まれている。ふるさとチョイスの災害支援では、被災地以外の自治体が寄付を募る「代理寄付」という仕組みがある。「代理寄付」は、被災自治体の代わりに他自治体が寄付を募り、さらにふるさと納税業務を行い、落ち着いたら被災地に寄付を届ける仕組みだ。ふるさと納税では自治体間の返礼品競争が問題になったが、一方で、災害支援を通して、自治体同士の支援の輪が広がっているのだ。

　ふるさとチョイスには、自分のためではなく、思いやり型のお礼の品を紹介する「きふと、」というプロジェクトがある。これは、2017年7月に群馬県前橋市が始め、取り組みに賛同した岩手県北上市も2018年より開始し、ふるさとチョイスで全国自治体に広めている取り組みだ。寄付者本人が返礼品を受け取るのではなく、誰かに返礼品を送ったり（直接支援）、障がい者福祉施設などで作られた返礼品を受け取る（間接支援）ことで、地域のNPOや児童養護施設などの支援につながるスキームだ。

　千葉県南房総市は、令和元年台風15号で被災した地元の事業者・生産者を支援するため「きふと、」を活用した。寄付者は、返礼品を出すことが難しい事業者・生産者を直接支援ができ、南房総市からはお礼の品物がない代わりに、事業者・生産者のお手紙（お礼状）を寄付者の方に届けた。このように「きふと、」は、お礼の品物を選ぶことでできる新しい社会貢献のかたちを提供している。

　返礼品を選択しない寄付は、新型コロナウイルス感染症による影響もあり増えている（株式会社トラストバンク, website）。2020年1月〜6月で寄付金額、寄付件数が前年同期比約1.8倍、約2.4倍にそれぞれ増加したのだ。

　ふるさと納税は、急激に利用者が増え、その影響もあり法改正が施行されるなど、まだ多くの課題がある。しかしながら、ふるさと納税を通じて、誰かのための寄付が増え、困っている多くの方々への支援につながっているのも事実だ。より一層、この支援の輪が広がるよう、ふるさと納税に関わる自治体、企業、そして寄付者が、ともにふるさと納税を通じた寄付文化の醸成を考えていく時期なのだ。

参考文献

株式会社トラストバンク（https://prtimes.jp/main/html/rd/p/000000595.000026811.html）2020/7/27.

株式会社トラストバンク（2021）「ふるさと納税の災害支援に関する意識調査」.

第5章
課題と展望

鵜尾 雅隆

1　コロナ禍における寄付

2020 年は、世界的に新型コロナウイルスが拡大し、その影響のもとで社会経済活動が大きく制限され、寄付にも特徴的な動きがみられた。コロナ禍に対応した寄付は、2020 年 1 ～ 3 月の発生初期の段階ではそれほど大きな動きは見られなかったが、4 月下旬に全国民への一律の特別定額給付金の給付が行われるとの発表を受けて、関心が大きく高まった。

2020 年 1 年間に新型コロナ関連の寄付をした人は 8.7% となっており、過去の東日本大震災などの大規模災害への寄付者比率 30 ～ 50% と比べて大きな割合ではないが、いくつかの特徴的な傾向があった。

第一の特徴は、過去の大規模災害では導入されていた制度としての「義援金」の仕組みがなかったこともあり、クラウドファンディングや資金を仲介するプラットフォームなどのインターネットを通じた支援の輪が広がったことである。義援金という国家主導の「一任型」の分配システムがなかったことにより、寄付者自身がインターネットで情報を探し、託す先を選択せざるを得ず、ある意味、「選択する寄付」が広がったといえる。

第二に、医療や生活困窮者、文化芸術分野などの領域への共感と連帯が広がったという点である。海外では医療分野は寄付の重要な対象領域であるが、これまで日本では医療分野への寄付は少なかった。今回、コロナ関連寄付の 42% は医療分野になっており、この点は特徴的である。また、生活困窮者支援も日本では「自己責任」ととらえられる傾向があったが、この経済状況下で社会的弱者への共感性が一定程度広がりを見せたところがある。

第三に、若年層の寄付者率が他の世代と比較して、相対的に大きかったということである。通常の寄付では年齢が高くなるほど寄付者率は高くなり、若いほど低いが、コロナ寄付では 20 歳代が高齢層よりも高い寄付者率となっている。この傾向は世界的に共通しており、理由としては、同世代が失職や機会の損失などの影響を受けている状況があったことや、SNS 上で連帯的な支援の輪の広がりがあったことが、SNS への反応性の高い若い世代に影響を与えたといった理由が考えられる。

2　コロナ禍を経験した社会意識の変容

　コロナ禍を経験した日本社会の意識はどのように変容したと言えるであろうか。

　第一に、「身近な人との助け合いが必要だ」とコロナ前よりもより思うようになった人の割合は 43.6%、「見知らぬ他者との助け合いが必要だ」と思うようになった人の割合も 29.5% となっており、この社会的な意識変容の持つ、今後の日本社会における可能性は大きいと考えられる。

　第二に、従来から国際比較では日本社会で低いと言われている「自らの社会参加で社会現象を少しは望ましい方向に変えられるか」という問いにおいて、18.1% がコロナ禍前よりもその考えが強まったと回答している。今回の調査でも 50% の回答者が「政府への信頼が弱まった」「やや弱まった」と回答していることも影響していると思われる。

　上記のような可能性を持ちつつ、課題もある。このコロナ禍において NPO への信頼がより高まったという人より弱まったと回答した人の比率の方が高い。全体としては「変わらない」と回答した人が 8 割以上存在しているため、コロナ禍前と比べて大きな変化はなかったというのが実情であるが、他者との助け合いや社会参加意識の高まりを、NPO への信頼にどうつなげていけるかが今後の重要な可能性と課題である。

　また、若い層の連帯・助け合い意識の相対的高さ、そして SNS や YouTube での広がり、著名人の呼びかけによる寄付行動の拡大などに加え、金融機関の寄付仲介の取組の多様化やクラウドファンディングなどの、資金仲介をする様々な仕組みの急速な成長など、今後につながる様々な事象が生じていることも今後の可能性としてあげられる。

　2011 年の東日本大震災においては、災害発生が金曜日の午後 2 時 46 分であったことから、支援行動が週末に広がったときには、インターネットやクレジットカード寄付を利用せざるを得ず、その後、インターネットやクレジットカード寄付に対する抵抗感を大きく減らすきっかけとなった。今回のコロナ禍における寄付行動においても若年層の行動、クラウドファンディングや資金仲介のプラットフォームの活用経験が、今後の日本社会の意識にどのような変化を生み出すのかを注目していきたい。

3　この10年の寄付の変化と進化

　寄付を取り巻く環境も変化と進化を遂げてきている。『寄付白書』が日本で初めて発行されたのは 2010 年であるが、そこから現在に至るまでの変化を概観してみたい。

　第一の特徴は、2011 年の東日本大震災を契機とした寄付者率の増加である。『寄付白書2010』では 33.8％ の個人が寄付していたが、東日本大震災のあった 2011 年（68.6％）を経て、それ以降は概ね 45％ 前後の個人が寄付しているという状況が続いている。日本社会において寄付する人の割合が『寄付白書 2010』当時よりは増加していることがみてとれる。

　第二の特徴は、オンライン・クレジットカードによる寄付の増加である。『寄付白書2010』当時には、寄付に際してインターネットを通じたクレジットカード決済は 5.3％ 程度しかなく、インターネット以外のクレジットカード寄付（1.9％）を含めても 7.2％ にとどまっていたが、『寄付白書 2021』ではクレジットカード決済が 25.5％ と大きな伸びを示している。インターネットを通じた寄付も 21.7％ となっており、寄付手段の大きな変化がみてとれる。また、東日本大震災直後に誕生し、2020 年、特に注目を受けることになったクラウドファンディングであるが、寄付型、購入型、貸付型、投資型などの様々なタイプがあり、それらを全て合わせた市場規模は 2018 年に 2,000 億円規模を超えてきている。

　第三の特徴は、遺贈寄付への関心の高まりである。調査手法の違いはあるが『寄付白書2010』時点では遺産寄付の意向のある個人は 14.7％ であったが、『寄付白書 2021』では42.4％ がその意向を示している。高齢化社会になっていることに加え、相続税法の改正、遺贈寄付の啓発活動や各団体の広告などが潜在的関心層を増やしているものと考えられる。

　第四の特徴は、ふるさと納税の急速な増加である。『寄付白書 2021』では約 6,700 億円に至っている。『寄付白書 2010』当時は約 100 億円程度であったことからするとこの伸びは急速である。ふるさと納税については、返礼品の存在から寄付と定義づけてよいかの議論はあるが、災害時やガバメントクラウドファンディングのような特定の課題解決型のプロジェクトも増加している。本書ではふるさと納税の金額、返礼品額 3 割を除いた金額など読者の判断に資する多様な情報を提供するように努めている。

4　共感型支援資金の市場拡大と残された課題

　寄付や社会的投資といった「共感型」の民間資金の流れは、世界全体として拡大傾向にあるといえる。ESG 投資は世界の株式市場の 3 分の 1 を占めるまでになり、インパクト投資も 70 兆円を超える投資残高規模に至っている。日本における寄付もふるさと納税を含めた個人寄付総額は 1．2 兆円を超え、法人寄付を合わせると 2 兆円近い規模になっている状況である。寄付者率も 10 年前と比べた場合には 1 割以上の増加をしており、遺贈寄付意向も大きく伸びてきている。

　しかし、寄付する人の割合は伸びているが 45% 前後で伸び悩んでいることや、ふるさと納税以外の寄付金額の伸び悩みなど依然として残された課題もある。ここでは寄付がさらに進むための課題を以下のように整理したい。

　第一には、「寄付を受ける側」の努力である。依然として 77.2% の人が寄付したお金がきちんと使われているか不安に感じている。寄付したことで達成感を感じないという層は 61.7% に至っている。51.8% が「寄付は未来社会への投資だと思う」という前向きな回答をしている中で、その期待に応えきれていない「受ける側」の努力の余地は大きい。また、今回の調査でも各法人間の格差が拡大しているという状況も明らかとなった。コロナ禍で社会参加意識は高まる傾向もあり、受ける側の努力による成果が出やすくなっている状況とも言えるため、今後の受け手側団体のファンドレイジング力の強化や、資金仲介組織の強化の必要性がより一層重要となってきていると言える。

　第二には、制度面のさらなる改善である。特に遺贈寄付においては、この数年で不動産等の寄付についての税制の一部見直しが行われたことは大きな前進であるが、依然として税控除適用をしてしまうとその不動産などの自由な転売や活用が制限されるという、NPO などの団体にとって非常に不自由な制度となってしまっている。こうした「大きな金額や資産を寄付・社会的投資する」ということについては、富裕層や経営者が公益財団を設立する際の手続きや監督の厳しさ、インパクト投資などの促進制度（税制など）も含めて諸外国と比べて日本の制度が「寄付・社会的投資を進める」ということに必ずしも前向きな設計になっていない状況がある。これらの今後のさらなる見直しが必要である。

付　録

1 寄付の流れ ─ 仲介の仕組みと受け手

1 都道府県、市町村に対する寄付

表付録-1　都道府県・市町村の寄付金

年度	都道府県		市町村	
	寄付金 （百万円）	歳入に占める割合 （％）	寄付金 （百万円）	歳入に占める割合 （％）
2010	25,038	0.05	60,309	0.11
2011	98,442	0.19	76,196	0.14
2012	35,675	0.07	64,453	0.11
2013	46,215	0.09	69,389	0.12
2014	25,788	0.05	82,618	0.14
2015	20,826	0.04	210,411	0.36
2016	23,446	0.05	326,549	0.56
2017	19,858	0.04	407,082	0.68
2018	24,380	0.05	558,264	0.93
2019	20,199	0.04	533,003	0.87

注 ：ふるさと納税、地方創生応援税制に係る寄付金（企業版ふるさと納税）含む。
出所：総務省（b,c）をもとに筆者作成

表付録-2　2019年度寄付金上位10都道府県

（百万円）

	寄付金 （百万円）	内　訳			
		市町村から	ふるさと納税	地方創生応援税制 に係る寄付金	その他
福島県	5,521	－	182	2	5,337
大阪府	1,461	－	148	4	1,310
沖縄県	1,461	－	190	－	1,271
佐賀県	1,001	－	974	3	24
長野県	894	－	809	－	85
鳥取県	875	55	384	12	425
宮城県	777	－	51	8	719
山形県	750	－	652	1	97
熊本県	619	－	542	－	77
岩手県	547	－	125	－	422

出所：総務省（c）をもとに筆者作成

表付録-3　2019年度人口一人当たり寄付金上位10都道府県

	（円）
福島県	2,933
鳥取県	1,559
佐賀県	1,215
沖縄県	986
山形県	693
岩手県	443
長野県	428
香川県	370
熊本県	350
山梨県	340
全国	159

出所：総務省（c,e）をもとに筆者作成

表付録-4　2019年度寄付金市区町村区分別

	団体数	寄付金 （百万円）	歳入に占める割合 （％）
合計	3,034	533,003	0.9
政令指定都市	20	14,783	0.1
特別区	23	4,831	0.1
中核市	58	25,316	0.3
施行時特例市	27	8,690	0.3
都市	687	322,823	1.4
（中都市）	(155)	(86,049)	0.9
（小都市）	(532)	(236,773)	1.7
町村	926	155,818	2.2
一部事務組合	1,293	743	0.0

注：人口20万以上の市の申出に基づき政令で指定する特例市制度は、2014年の地方自治法一部改正により2015年4月に廃止。
　　「施行時特例市」はその時点で特例市であった市をいう。
出所：総務省（b）をもとに筆者作成

表付録-5　2019年度寄付金上位10市区町村

（百万円）

| | 寄付金
（百万円） | 内　訳 | | |
		ふるさと納税	地方創生応援税制 に係る寄付金	その他
大阪府泉佐野市	18,575	18,497	5	74
宮崎県都城市	10,664	10,645	－	19
北海道紋別市	7,741	7,738	－	4
北海道根室市	6,592	6,589	－	3
鹿児島県南さつま市	4,656	4,644	4	8
山形県寒河江市	4,426	4,423	－	2
新潟県燕市	4,269	4,230	－	38
鹿児島県志布志市	4,060	4,024	5	30
福岡県飯塚市	3,844	2,164	1	1,679
佐賀県唐津市	3,525	3,491	－	34

（百万円）

| | 寄付金
（百万円） | 内　訳 | | |
		ふるさと納税	地方創生応援税制 に係る寄付金	その他
北海道白糠町	6,737	6,733	－	4
宮崎県都農町	5,258	5,258	－	0
佐賀県上峰町	4,672	4,672	－	0
愛知県幸田町	3,855	3,850	－	5
茨城県境町	3,240	3,068	142	30
鹿児島県大崎町	2,842	2,841	－	1
和歌山県湯浅町	2,718	2,718	－	－
北海道八雲町	2,456	2,456	－	0
福岡県新宮町	2,370	2,370	－	0
宮崎県高鍋町	1,648	1,615	－	33

出所：総務省（b）をもとに筆者作成

2　ふるさと寄付

図付録-1　ふるさと納税の受入額及び受入件数（全国計）

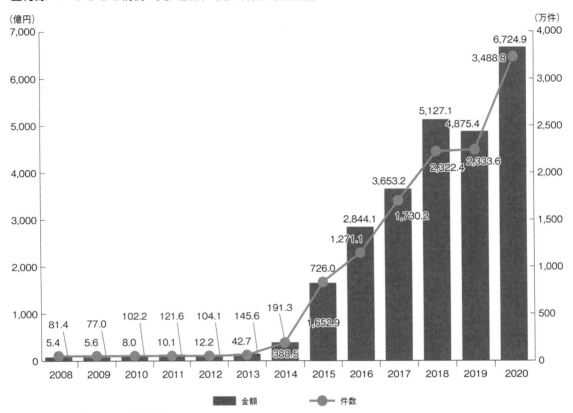

出所：総務省（a）をもとに筆者作成
注　：『寄付白書2017』までは寄付者の居住する地方団体ごとの寄付金控除の申告に基づくふるさと寄付上位10都道府県を掲載してきたが、近年、総務省「ふるさと納税ポータルサイト」で全国のふるさと納税の受入額及び受入件数が集計、公表されるようになり、本書では経年変化を示す図を掲載した。

表付録-6　地方団体がふるさと納税の募集に要した費用と寄付受入額に占める割合

	2019年度		2020年度	
	金額 （百万円）	受入額に占める割合 （％）	金額 （百万円）	受入額に占める割合 （％）
返礼品の調達	137,455	28.2	178,335	26.5
返礼品の送付	37,677	7.7	52,024	7.7
広報	3,442	0.7	3,872	0.6
決済等	9,514	2.0	15,388	2.3
事務	39,390	8.1	53,800	8
費用計	227,479	46.7	303,419	45.1

出所：総務省自治税務局市町村税課（2021）をもとに筆者作成

3　学校法人に対する寄付

表付録-7　学校法人の寄付金収入

2015年度	全法人数	集計法人数	寄付金（百万円）	対事業活動収入比率（％）
大学法人	559	548	131,016	2.1
短期大学法人	110	109	3,373	2.1
高等学校法人	736	681	32,399	3.9
中学校法人	15	14	266	3.6
小学校法人	19	13	283	3.6
幼稚園法人	5,400	5,073	16,164	1.9
特別支援学校法人	12	12	181	5.1
専修学校法人	947	784	5,775	1.1
各種学校法人	187	139	2,701	5.4
計			192,157	3.0

2016年度	全法人数	集計法人数	寄付金（百万円）	対事業活動収入比率（％）
大学法人	556	548	156,756	2.5
短期大学法人	109	109	15,677	8.8
高等学校法人	737	691	28,173	3.3
中学校法人	16	15	220	2.7
小学校法人	19	15	310	3.1
幼稚園法人	5,400	5,012	12,126	1.4
特別支援学校法人	12	12	184	5.5
専修学校法人	966	782	4,551	0.7
各種学校法人	192	145	3,870	7.0
計			221,867	2.1

2017年度	全法人数	集計法人数	寄付金（百万円）	対事業活動収入比率（％）
大学法人	558	551	131,136	2.0
短期大学法人	107	105	2,944	1.8
高等学校法人	738	683	24,229	2.5
中学校法人	16	15	288	3.6
小学校法人	18	14	216	2.3
幼稚園法人	5,426	5,033	12,837	1.4
特別支援学校法人	12	12	171	5.0
専修学校法人	926	777	4,761	1.0
各種学校法人	189	145	3,661	6.5
計			180,243	1.7

2018年度	全法人数	集計法人数	寄付金（百万円）	対事業活動収入比率（％）
大学法人	559	549	123,728	1.9
短期大学法人	106	104	3,195	2.1
高等学校法人	743	682	29,070	3.4
中学校法人	16	14	215	2.7
小学校法人	17	14	261	2.1
幼稚園法人	5,398	4,898	17,429	1.8
特別支援学校法人	12	12	162	4.8
専修学校法人	928	791	8,801	1.7
各種学校法人	191	139	2,605	4.8
計			185,465	1.8

出所：日本私立学校振興・共済事業団（2020a,2020b,2021a,2021b）をもとに筆者作成

付録

4　国立大学法人等に対する寄付

図付録-2　国立大学法人等の寄付金の獲得状況（図4-13再掲）

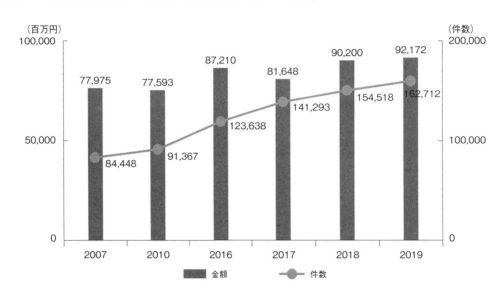

出所：文部科学省高等教育局国立大学法人支援課（2021）をもとに筆者作成

5 共同募金

図付録-3 共同募金実績額推移

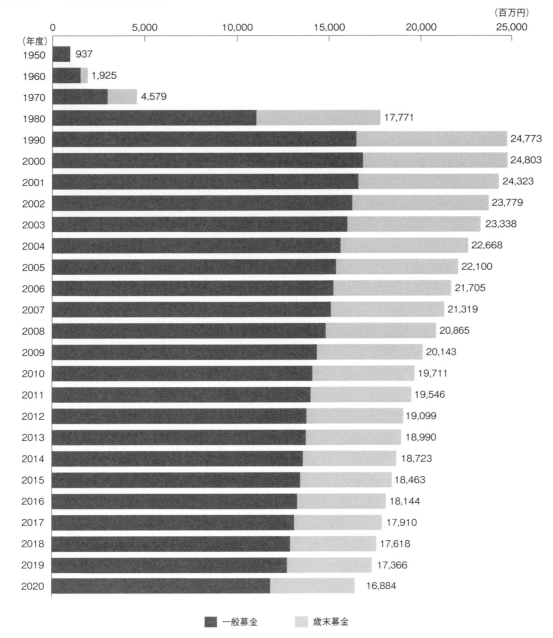

出所：中央共同募金会（b,e）をもとに筆者作成

表付録-8　募金方法別の実績額（2016〜2020年度）

	2016年度		2017年度		2018年度		2019年度		2020年度	
	金額 （百万円）	構成率 （%）	金額 （百万円）	構成率 （%）	金額 （百万円）	構成率 （%）	金額 （百万円）	構成率 （%）	金額 （百万円）	構成率 （%）
戸別募金	13,227	72.9	12,955	72.3	12,736	72.3	12,487	71.9	11,961	70.8
街頭募金	350	1.9	343	1.9	324	1.8	325	1.9	135	0.8
法人募金	1,847	10.2	1,807	10.1	1,786	10.1	1,795	10.3	1,783	10.6
職域募金	762	4.2	758	4.2	745	4.2	720	4.1	741	4.4
学校募金	288	1.6	282	1.6	276	1.6	263	1.5	272	1.6
イベント募金	149	0.8	149	0.8	156	0.9	147	0.8	37	0.2
その他	1,011	5.6	1,086	6.1	1,033	5.9	1,063	6.1	1,312	7.8
NHK歳末	511	2.8	531	3.0	561	3.2	565	3.3	644	3.8
合計	18,144	100.0	17,910	100.0	17,618	100.0	17,366	100.0	16,884	100.0

出所：中央共同募金会（c,f）をもとに筆者作成

表付録-9　共同募金分野別配分額構成比内訳（2019年度）

	助成件数	助成金額 （百万円）	構成率 （%）
高齢者福祉	12,266	3,436	23.3
障がい児・者福祉	9,139	1,922	13.0
児童・青少年福祉	9,246	1,711	11.6
課題を抱える人への活動	2,767	1,118	7.6
その他（住民全般を対象とする活動）	15,196	6,064	41.1
更生保護施設	22	5	0.0
災害等準備金積立	70	513	3.5
合計	48,706	14,770	100.0

出所：中央共同募金会（d）をもとに筆者作成

6　日本赤十字社

表付録-10　社資収入の状況

年　度	社員数・会員数※（千人）	一般社資収入（百万円）			
		社費・会費※	寄付金	指定事業社資	計
2010	10,153	8,372	12,565	814	21,751
2011	9,753	8,278	95,776	708	104,762
2012	9,520	8,053	14,582	770	23,405
2013	9,612	7,640	9,222	947	17,809
2014	9,604	7,447	8,230	730	16,407
2015	8,879	7,810	10,234	1,419	19,463
2016	8,693	7,309	9,814	647	17,770
2017	123	11,402	4,094	612	16,109
2018	141	11,279	5,136	638	17,053
2019	156	11,313	6,808	570	18,691

年　度	社員数・会員数※（千法人）	法人社資収入（百万円）		
		指定事業社資	その他社資	計
2010	143	824	3,532	4,356
2011	123	843	2,648	3,491
2012	126	940	2,009	2,949
2013	120	963	2,506	3,469
2014	119	791	1,636	2,427
2015	114	865	2,497	3,362
2016	113	888	1,997	2,885
2017	68	836	1,816	2,653
2018	76	784	2,434	3,217
2019	82	819	2,776	3,595

注　：2017（平成29）年度より「社員」を「会員」に、「社費」を「会費」に変更。
　　　それまで年額500円以上の社費を納める協力者を社員としていたが、年額2,000円以上を会費として納める協力者を会員、
　　　年額500円（目安）以上2,000円未満を協力会員と改めた。
出所：日本赤十字社（a,b,c）をもとに筆者作成

表付録-11　社資に含まれる海外救援金（2019年度）

	（百万円）
NHK海外たすけあい	659
中東人道危機救援金	27
バングラデシュ南部避難民救援金	25
モザンビークサイクロン救援金	20
その他の海外救援金	24
計	755

出所：日本赤十字社（c）をもとに筆者作成

表付録-12　主な事業支出（2019年度）

		（百万円）
災害救護事業費	災害救護指導・装備、非常災害救援物資整備、災害義援金送付金等	1,534
社会活動費	救急法等普及、奉仕団・青少年赤十字活動等	436
国際活動費	国際機関分担金、国際救援活動、国際開発協力等	2,241

出所：日本赤十字社（c）をもとに筆者作成

付　録

7 国内および海外の災害義援金

表付録-13　国内および海外の主な大規模災害と日本赤十字社が受け付けた義援金・救援金

(百万円)

	国内	海外	国内災害義援金	海外救援金
2016	4月：熊本地震 6〜7月：梅雨前線による6月6日から7月15日にかけての大雨等（熊本、宮崎） 8月：平成28年台風第7号・第9号・第10号・第11号及び前線による8月16日から8月31日にかけての大雨及び暴風等（北海道、岩手） 9月：平成28年台風第16号及び前線による9月17日から9月20日にかけての大雨及び暴風等（宮崎、鹿児島） 10月：平成28年10月21日鳥取県中部の地震	2月：台湾南部地震 4月：エクアドル地震 8月：イタリア地震 10月：ハイチ・ハリケーン「マシュー」	30,505	874
2017	6〜7月：平成29年6月30日からの梅雨前線に伴う大雨及び平成29年台風第3号、平成29年7月九州北部豪雨（福岡、大分） 7月：平成29年7月22日からの梅雨前線に伴う大雨（秋田） 9月：平成29年台風第18号 10月：平成29年台風第21号	8月：インド、ネパール、バングラデシュの各地で大規模な洪水 8月：シエラレオネで洪水・地すべり・土石流 9月：メキシコ地震 11月：イラン、イラク地震	4,858	814
2018	6月：大阪府北部を震源とする地震 6月：米原市竜巻被害 7月：平成30年7月豪雨（岡山、広島、愛媛） 9月：平成30年台風第21号（大阪、京都、兵庫、和歌山） 9月：平成30年北海道胆振東部地震 9月：平成30年台風第24号	6月：インドの洪水・地すべり 7月：インドネシア・ロンボク島地震 9月：インドネシア・スラウェシ島地震 11月：アメリカ森林火災	31,214	913
2019	6月：6月下旬からの大雨 7月：梅雨前線に伴う大雨及び令和元年台風第5号（長崎） 8月：令和元年台風第10号 8月：令和元年8月の前線に伴う大雨（佐賀） 9月：令和元年台風15号（千葉） 10月：令和元年台風19号	3月：モザンビーク　サイクロン・イダイ 6〜9月：インド洪水 9月：バハマ　ハリケーン・ドリアン	12,753	755
2020	7月：令和2年7月豪雨 9月：令和2年台風第10号 12月：12月16日からの大雪	10月：トルコ地震 10月：ベトナム　暴風雨・洪水 10〜11月：中米諸国　ハリケーン・イータ及びイオタ	6,157	952

出所：気象庁 website、中央共同募金会（a）、内閣府 website、日本赤十字社（b,c）をもとに筆者作成

8　助成財団

図付録-4　年間助成等事業規模別財団数および助成額（2019年度）

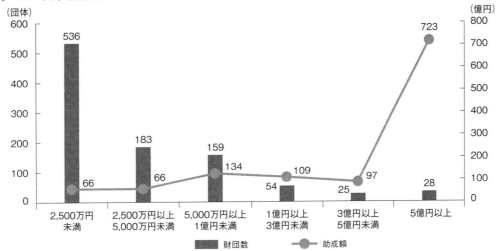

出所：助成財団センターwebsiteをもとに筆者作成

図付録-5　事業形態別プログラム数（2019年度）

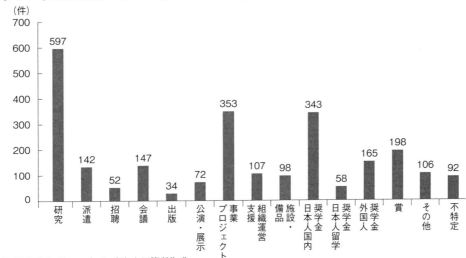

出所：助成財団センターwebsiteをもとに筆者作成

図付録-6　事業分野別プログラム数（2019年度）

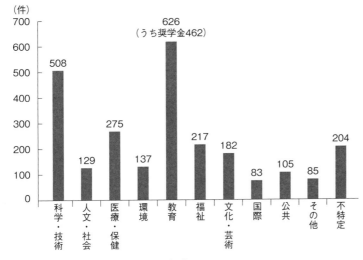

出所：助成財団センターwebsiteをもとに筆者作成

9 公益信託

図付録-7　受託件数および信託財産残高の推移（2021年3月末現在）

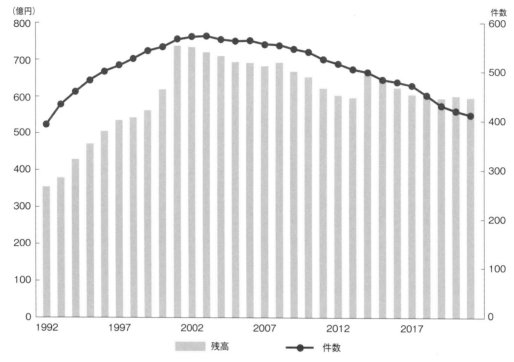

出所：信託協会websiteをもとに筆者作成

表付録-14　助成先数および給付額の推移（累計、2021年3月末現在）

	1992	1993	1994	1995	1996	1997	1998	1999	2000	2001
助成先数	23,361	28,507	33,382	38,143	43,680	49,589	55,061	60,304	65,523	71,224
給付額（百万円）	5,756	8,239	10,037	11,868	13,975	15,800	17,559	19,319	21,633	24,101

	2002	2003	2004	2005	2006	2007	2008	2009	2010	2011
助成先数	77,531	83,893	90,510	97,323	105,651	114,261	122,667	132,790	142,531	152,024
給付額（百万円）	26,909	29,639	32,640	36,360	40,285	44,472	48,867	53,718	57,806	62,413

	2012	2013	2014	2015	2016	2017	2018	2019	2020	2021
助成先数	162,612	169,946	177,319	184,737	192,094	199,271	206,152	212,656	218,924	224,535
給付額（百万円）	67,324	70,377	73,369	76,571	79,851	82,916	85,783	88,767	91,655	94,243

出所：信託協会 website をもとに筆者作成

表付録-15　公益信託受託状況

信託目的	件数	2020年度 新規受託件数	信託財産残高 （百万円）	2020年度 新規受託分（百万円）
奨学金支給	134	—	22,745	—
自然科学研究助成	64	1	7,021	100
教育振興	51	—	1,797	—
国際協力・国際交流促進	28	—	2,825	—
社会福祉	30	—	3,053	—
芸術・文化振興	20	—	4,642	—
都市環境の整備・保全	27	—	7,527	—
自然環境の保全	16	—	4,017	—
人文科学研究助成	12	—	859	—
文化財の保存活用	2	—	101	—
動植物の保護繁殖	1	—	163	—
緑化推進	1	—	22	—
その他	20	—	3,280	—
合計	406	1	58,059	100

出所：信託協会 website をもとに筆者作成

10　宝くじ

図付録-8　宝くじ売上額の振り分け（2020年度販売実績額8,160億円）

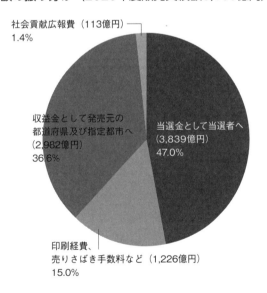

社会貢献広報費（113億円）
1.4%

収益金として発売元の
都道府県及び指定都市へ
（2,982億円）
36.6%

当選金として当選者へ
（3,839億円）
47.0%

印刷経費、
売りさばき手数料など（1,226億円）
15.0%

出所：宝くじ公式サイト（2021）をもとに筆者作成

図付録-9 都道府県および市町村における宝くじ収益金の普通会計等への繰入状況

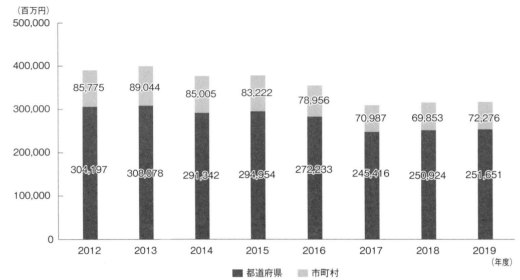

出所：総務省（d）をもとに筆者作成

11 競馬

図付録-10 中央競馬による国庫納付金額の推移

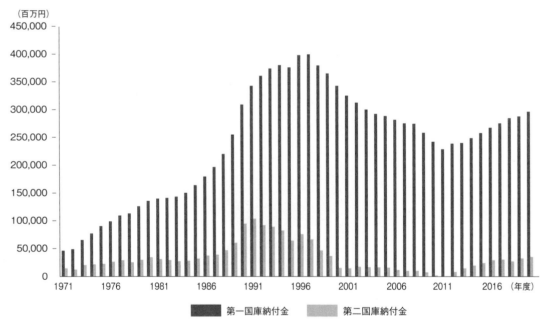

出所：日本中央競馬会 website をもとに筆者作成

図付録-11　地方競馬全国協会への交付金の推移

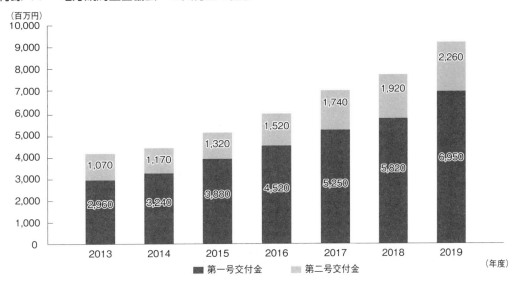

出所：地方競馬全国協会website をもとに筆者作成

12　ボートレース

図付録-12　日本財団への交付金額の推移

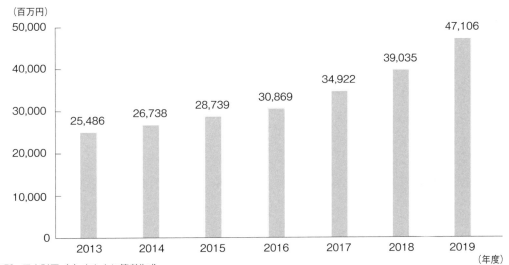

出所：日本財団（a）をもとに筆者作成

表付録-16　日本財団による助成金額の推移

年度	海洋船舶関係事業			公益・福祉関係事業			協力援助事業（海外・国内）			計	
	件数	金額 （百万円）	%	件数	金額 （百万円）	%	件数	金額 （百万円）	%	件数	金額 （百万円）
2016	276	10,034	31%	1,615	10,411	32%	194	11,764	37%	2,085	32,210
2017	239	11,137	35%	908	11,907	37%	169	9,150	28%	1,316	32,194
2018	251	13,672	41%	382	12,947	39%	142	6,835	20%	775	33,454
2019	292	15,945	39%	546	13,798	33%	127	11,593	28%	965	41,336
2020	337	16,909	35%	694	15,470	32%	198	15,308	32%	1,229	47,687

出所：日本財団（b）をもとに筆者作成

付　録

13　競輪・オートレース

表付録-17　JKA による公益事業振興に対する助成金額の推移

年度	金額（百万円）
2017	2,798
2018	2,654
2019	2,740
2020	2,791
2021	2,850

出所：JKA website をもとに筆者作成

図付録-13　競輪・オートレースの収益による公益事業振興助成割合（2021年）

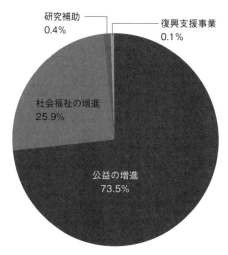

出所：JKA website をもとに筆者作成

14　パチンコ

表付録-18　全日遊連の都府県方面遊協・支部組合・ホールにおける社会貢献支出額の推移

年度	金額（百万円）
2015	1,514
2016	1,697
2017	1,412
2018	1,702
2019	1,472

出所：パチンコ・パチスロ社会貢献機構 website をもとに筆者作成

2　寄付のマクロ規模の推計方法

　寄付やボランティアの規模や実態については、政府統計や研究機関等によるアンケート調査のデータから把握することが可能である。しかしそれらのデータでは一部の寄付やボランティア活動が含まれていないため、過小推計されている可能性があったり、統計ベースが異なったまま各国との国際比較が行われたりしてきた。また文化的、生活習慣的観点から、寄付やボランティア活動としての性格が強いにもかかわらず、調査設計上の理由や調査回答者の認識の違いから、統計データとして把握することがむずかしい性質の寄付やボランティア活動もあった。そのため、日本全体では寄付やボランティアの規模に関する数量的把握は困難であった。刊行7冊目となる『寄付白書2021』ではこれまでの寄付白書に続き、寄付とボランティアに関する全国実態調査を行い、既存統計で指摘されてきた問題や課題に対処して、できるかぎり統計的により正確で詳細な実態把握に努めるとともに、各種統計や基礎資料を用いて、日本における寄付のマクロデータの推計を試みた。推計の結果は各章で紹介しているが、ここではマクロ規模の推計方法や推計に用いたデータ・資料等について説明する。

2.1　既存データの問題点・限界点

　家計の寄付に関する統計には「家計調査」や「全国家計構造調査（旧：全国消費実態調査）」がある。両調査における「寄付金」の定義は「世帯以外の団体などへの寄付金、祝儀などの移転支出。一般的寄付金、赤十字社員会費（加入金）、社会福祉協議会会費、一般的行事の寄付金、学生のいない場合の学校寄付金、共同募金（割当金を含む）、バザー現金寄付、祭礼の寄付・祝儀」である（総務省統計局、2014）。同調査では、宗教関係の寄付として「信仰・祭祀費」があり、そこには「寺の維持費、神社の氏子費、寺・神社への寄付および信仰に関するもの。教会費、教会献金、宗教団体の会費、御経料、永代料、御布施、さい銭、お守、護摩木、破魔矢、納骨堂・墓地の管理料・使用料、寺の墓掃除代」が

含まれている。また、教育関係の寄付として教育の「授業料等」には「原則として、学校教育法に定める学校で受ける教育に必要なサービスに関するもの。3歳以上の幼児に関する保育所費用、通信教育の費用、学校で行う臨海・林間学校の費用も含む。授業料、入学金、受験料、学校寄付、学校積立、学級費、PTA会費、テスト代、プリント代、卒業アルバム代、修学旅行費、修学旅行積立金」を含む。このように宗教関係や教育関係の寄付は、「信仰・祭祀費」や「授業料等」の一部に含まれている可能性があるが、寄付以外のその他の複数の支出も多く含んでいるため、すべてを含めて寄付金とすることはできない。したがって、宗教関係と教育関係の寄付は、寄付金とは別の支出項目に含まれている可能性があるものの、その厳密な金額はわからず、「寄付金」という支出項目からしか把握できないので、過小推計されている可能性がある。

　両調査には「諸会費」という支出品目があり、「教養娯楽的要素のあるクラブ費、会費、子供会・老人会の会費、ファンクラブ会費、リゾートホテルのメンバーズ入会金」を含む。また、「他の負担費」という支出品目では、「社会生活上やむを得ない半公課的意味をもつ定期的に支払われる会費又は負担費、町内費、消防費、街灯費、青年団費、婦人会費などの町内の負担金的会費、県人会費、同窓会費、遺族会費、労働組合費、職員組合費」を含む。日本人の意識や社会的習慣からすると「寄付」とはみなされないが、実質的には寄付としての性質を有すると思われる会費の一部がこれらの支出品目に含まれている可能性が考えられるが、そのような会費のみを数量的に把握することはできない。さらに「全国家計構造調査（旧：全国消費実態調査）」では、調査月の月間の寄付支出額のみが記載されており、年間の寄付支出額は把握できない。なお、「家計調査」では、層化3段抽出法（第1段－市町村、第2段－単位区、第3段－世帯）により、調査対象世帯約9,000世帯を無作為に抽出している。また、層化方法について、「都道府県庁所在市及び大都市」以外の市町村の層化においては、消費支出等の家計指標との相関が高いとみられる経済・社会指標を

組み合わせて基準を設定している。

　また寄付については、政府統計では一部の寄付が含まれていないのに加えて、分野別の寄付支出も把握できない。これに対して研究機関がこれまでに実施した個別調査では、分野別の寄付に関する数量的把握が可能である。2003 年に民間非営利セクターに関する基礎統計整備の一環として、また日本人の寄付やボランティアに関する実態把握および解明を目的として、寄付とボランティアに関する全国調査が実施され、分野別の寄付支出や寄付者の特徴が明らかにされた（大阪大学 NPO 研究情報センター、2005）。2007 年にも、国民経済活動の数量的把握のための統計システム（サテライト勘定）の 1 つであり、民間非営利団体の経済活動規模の把握を目的とした非営利サテライト勘定の作成の一環として、寄付とボランティアに関する全国アンケート調査が行われている。この調査では分野別の寄付支出や寄付者の特徴、ボランティア活動率や活動時間に関する実態の報告とともに、調査結果を用いて、非営利セクターの国際比較が可能な国際非営利産業分類（ICNPO）に準拠した日本の寄付およびボランティア活動のマクロ規模の推定がなされた（三菱 UFJ リサーチ & コンサルティング、2007）。中央共同募金会でも、「共同募金運動のあり方について『寄付』『ボランティア活動』『地域社会』等の関連を探りながら国民の意識を調査し、共同募金運動を寄付者にわかりやすく、参加のしやすい寄付者主体の運動に改善していく基礎資料を得ること」を目的として、1995 年から 5 年ごとに寄付とボランティアに関する意識調査を行っている（中央共同募金会、2006）。

　これらの個別調査により、政府統計ではわからない家計や個人の寄付行動やボランティア活動に関する詳細な実態と現状が把握可能になり、世界各国に適応可能な分類法に基づく推計による、国際比較可能な寄付の経済規模も得ることができた。しかしなお、これらの調査でも、調査設計上の問題や限界から、寄付先やボランティア活動の分野が大まかであったり、厳密に定義されていないなどの問題があった。そこで『寄付白書 2021』では、

付 録

これまでの既存統計や実態調査が抱える前述のような問題点や限界点に対処し、日本独自の特徴を踏まえた包括的で正確な寄付の実態を把握するために全国実態調査を行った。さらに寄付については、慣例や儀礼的行為として義務的あるいは強制的に徴収されているが、実質的には寄付としての性質を有すると思われる「会費」を「寄付」と区別し、本書の調査結果の紹介やマクロ規模の推計を行っている。

2.2　個人寄付のマクロ規模の推計方法

　全国寄付実態調査結果と既存統計を用いて、以下の手順で日本の個人の寄付総額を推計した。

①日本の分野別寄付実施者数を把握

　分野別寄付実施者数＝分野別寄付実施者数割合×人口

　分野別寄付実施者数割合は全国寄付実態調査結果より、人口は国立社会保障・人口問題研究所『日本の将来推計人口』の 2017 年の推計人口を用いた（国立社会保障・人口問題研究所、2017）。

　15 歳以上の人口は 9,864 万 1,371 人（推計の出発点となる基準人口は 2015 年国勢調査に調整を加えて得ている）。

②日本の分野別寄付額を推計

　分野別寄付額＝日本の分野別寄付実施者数×分野別一人当たり寄付額

　日本の分野別寄付実施者数は①の結果より、分野別一人当たり寄付額は全国寄付実態調査結果より、寄付額の合計を分野別寄付実施者数で除した平均値から得た。

③既存統計を用いて寄付額を把握

　共同募金と日本赤十字社への寄付および、ふるさと納税額については実績額を用いる。共同募金の寄付額は 2020 年度の実績額 168 億 8,371 万円から、法人募金 17

億 8,276 万円を除いた金額 151 億 95 万円を用いた。共同募金において、実績額における会費と寄付の区分はできないため、推計は寄付のみで、会費総額は把握できない。日本赤十字社への寄付は、本社における寄付金等収入 43 億 6,222 万円、支部寄付金等収入 23 億 9,462 万円と指定事業社資収入 5 億 4,550 万円の合計値、73 億 234 万円を用いた。また、会費については、個人からの会費収入 121 億 7,865 万円を用いた。なお、日本赤十字社では、日本国内で災害が発生した場合に被災都道府県が募集する義援金の受付を行っているが、その全額が被災都道府県義援金配分委員会へ送金され、被災者に配分されるため、会計規則上、「預り金」として計上しており、本推計（「緊急災害支援」）には含まれない。

ふるさと納税額は、総務省自治税務局市町村税課による「ふるさと納税に関する現況調査結果」より 2020 年度の実績額 6,724 億 9,000 万円を用いた。また、国や都道府県や市町村への寄付については、総務省統計局による「決算状況調」から寄付金総額の実績値を把握することが可能だが、法人による寄付も含まれている。したがって、本推計では全国寄付実態調査の回答から得られた寄付額をもとに推計値を算出した。

付録

3　全国寄付実態調査　調査方法

3.1　調査目的

個人の寄付およびボランティアに関する意識・行動の実態を把握することを目的とする。

3.2　調査方法

〈1〉調査設計

・実査時期：2021 年 2 月 24 日－ 2021 年 3 月 5 日

・調査対象者：2021 年 2 月時点で全国に居住する満 20 － 79 歳の男女個人

　（1942 年 2 月－ 2001 年 2 月に生まれた男女）

・調査方法：インターネット調査　　・調査対象地域：全国

・標本数（アタック数）：15,409s　　　・抽出方法：ネット調査専用モニター

・質問数：25 問

・調査実施：株式会社インテージ・株式会社インテージリサーチ

〈2〉標本設計・標本抽出

　「全国消費実態調査」を全面的に見直して実施された 2019 年の「全国家計構造調査」の結果は公表時期の関係で利用できなかったことから、前回調査と同じく、総務省統計局「2014 年全国消費実態調査」の総世帯（ 2 人以上世帯＋単身世帯）年間年収階級および世帯主年齢階級別構成比に基づき 6 区分の世帯年収と 5 区分の世帯主年齢による標本の割付を設計した（表付録 -19、表付録 -20）

　標本設計および抽出に当たり、以下の点を設計上の制約として、調査を実施した。

・性別は、男女同程度の回収を想定した。

・調査会社のモニターの年齢構成等を勘案し、30 歳未満については、20 歳以上、70 歳以上については、79 歳以下に限定した。

・モニターに世帯主情報がないため、世帯主年齢はモニターの年齢とした。

表付録-19 全国消費実態調査における構成比

世帯年収	世帯主の年齢階級						
	30歳未満	30-39歳	40-49歳	50-59歳	60-69歳	70歳以上	総数
200万円未満	0.49	0.54	0.78	1.53	3.99	6.49	13.83
200〜300万円未満	1.02	0.88	1.04	1.18	3.87	6.59	14.59
300〜400万円未満	1.53	1.38	1.62	1.45	3.85	5.94	15.76
400〜500万円未満	1.01	2.31	1.74	1.70	3.13	2.90	12.79
500〜600万円未満	0.25	1.90	2.29	1.50	2.33	1.73	10.00
600〜800万円未満	0.23	2.37	4.31	3.41	2.83	1.61	14.75
800〜1,000万円未満	0.17	0.85	2.41	2.94	1.52	0.76	8.65
1,000〜1,250万円未満	0.03	0.41	1.40	1.94	0.95	0.42	5.14
1,250〜1,500万円未満	0.00	0.09	0.52	0.99	0.44	0.18	2.22
1,500万円以上	0.00	0.08	0.37	0.90	0.60	0.30	2.26
総数	4.74	10.81	16.49	17.54	23.51	26.92	100.00

表付録-20 調査標本の割付

世帯年収	モニター年齢						
	20代	30代	40代	50代	60代	70代	合計
300万円未満	76	71	91	136	393	654	1,421
300〜500万円未満	127	184	168	157	349	442	1,427
500〜600万円未満	13	95	114	75	116	87	500
600〜800万円未満	12	118	215	170	142	80	737
800〜1,000万円未満	9	42	121	147	76	38	433
1,000万円以上	2	29	115	192	99	45	482
総数	239	539	824	877	1,175	1,346	5,000

付録

3.3　回収結果と抽出標本の分布

〈1〉回収結果

・回答完了数：6,344　有効回答数：5,678　回収率：41.2%（回答完了数／標本数）

〈2〉抽出標本の分布

　　全国消費実態調査に基づく人口構成を母集団人口分布として、これに基づき有効回答数として抽出された標本数（実数）と標本割付に対する比率の計算により、抽出標本の分布の偏りを確認した（表付録 -21）。

表付録-21　有効回答数のクロス集計

世帯年収	モニター年齢						合計
	20代	30代	40代	50代	60代	70代	
300万円未満	82(1.08)	84(1.18)	106(1.16)	151(1.11)	446(1.13)	749(1.15)	1,618
300〜500万円未満	145(1.14)	216(1.17)	194(1.15)	181(1.15)	385(1.1)	460(1.04)	1,581
500〜600万円未満	20(1.54)	116(1.22)	131(1.15)	82(1.09)	134(1.16)	98(1.13)	581
600〜800万円未満	17(1.42)	133(1.13)	260(1.21)	184(1.08)	159(1.12)	87(1.09)	840
800〜1000万円未満	15(1.67)	53(1.26)	144(1.19)	162(1.1)	85(1.12)	45(1.18)	504
1000万円以上	7(3.5)	41(1.41)	134(1.17)	215(1.12)	109(1.1)	48(1.07)	554
総数	286(1.2)	643(1.19)	969(1.18)	975(1.11)	1318(1.12)	1487(1.1)	5,678

注：数値は有効回答数（実数）、（　）内は割付数に対する比率（倍）

3.4　調査票

・調査票は日本ファンドレイジング協会の website にて公開している。

参考文献 01

JKA「補助事業一覧」(https://hojo.keirin-autorace.or.jp/about/list.html) 2021/7/12.

気象庁「災害をもたらした台風・大雨・地震・火山噴火等の自然現象のとりまとめ資料」(http://www.jma.go.jp/jma/kishou/know/saigai_link.html) 2021/7/12.

助成財団センター「日本の助成財団の現状」(http://www.jfc.or.jp/bunseki/bunseki-top) 2021/7/12.

信託協会「公益信託の受託状況」(https://www.shintaku-kyokai.or.jp/data/public_interest/) 2021/10/6.

総務省 (a)「各自治体のふるさと納税受入額及び受入件数（平成 20 年度〜令和 2 年度）」(https://www.soumu.go.jp/main_sosiki/jichi_zeisei/czaisei/czaisei_seido/furusato/file/results20210730-02.xlsx) 2021/8/17.

総務省 (b)「平成 22 年度〜令和元年度市町村別決算状況調」(https://www.soumu.go.jp/iken/kessan_jokyo_2.html) 2021/7/12.

総務省 (c)「平成 22 年度〜令和元年度都道府県決算状況調」(https://www.soumu.go.jp/iken/kessan_jokyo_1.html) 2021/7/12.

総務省 (d)『平成 26 年版〜令和 3 年版地方財政白書』(https://www.soumu.go.jp/menu_seisaku/hakusyo/index.html) 2021/7/12.

総務省 (e)「令和 2 年 1 月 1 日住民基本台帳人口・世帯数、令和元年（平成 31 年 1 月 1 日から令和元年 12 月 31 日まで）人口動態（都道府県別）（総計）」(https://www.soumu.go.jp/main_content/000701509.xls) 2021/9/13.

総務省自治税務局市町村税課 (2021)「ふるさと納税に関する現況調査結果（令和 3 年度実施）」(https://www.soumu.go.jp/main_sosiki/jichi_zeisei/czaisei/czaisei_seido/furusato/file/report20210730.pdf) 2021/8/17.

宝くじ公式サイト「収益金の活用内容」(https://www.takarakuji-official.jp/about/proceeds/top.html) 2021/10/6.

地方競馬全国協会『平成 26 年度〜令和元年度事業報告書』(https://www.keiba.go.jp/privacy_policy_01.html) 2021/7/12.

中央共同募金会 (a)「赤い羽根の災害・被災地支援」(https://www.akaihane.or.jp/saigai/#01) 2021/7/12.

中央共同募金会 (b)「昭和 22 年度〜令和元年度一般募金・歳末たすけあい募金の目的額と実績額の推移」(https://www.akaihane.or.jp/wp/wp-content/uploads/31ab9e7fdc934aa3e43f1c2d6110cf02.pdf) 2021/7/12.

中央共同募金会 (c)「共同募金 募金方法別実績額の推移（平成 7 年度〜令和元年度）」(https://www.akaihane.or.jp/wp/wp-content/uploads/6a402bb2a5adee731c341d8067e2ab6d.pdf) 2021/7/12.

中央共同募金会 (d)「令和元年度　共同募金統計〔助成〕」(https://www.akaihane.or.jp/wp/wp-content/uploads/a59fe1e28774e44b4348c72383ac946b.pdf) 2021/7/12.

中央共同募金会 (e)「令和 2 年度 共同募金統計〔募金実績・対前年度比較〕」(https://www.akaihane.or.jp/wp/wp-content/uploads/toukei_r2_bokin2.pdf) 2021/8/17.

中央共同募金会 (f)「令和 2 年度 共同募金統計〔募金実績・募金方法別〕」(https://www.akaihane.or.jp/wp/wp-content/uploads/toukei_r2_bokin1.pdf) 2021/8/17.

内閣府『平成 28 年版〜令和 2 年版防災白書』（http://www.bousai.go.jp/kaigirep/hakusho/index. html）2021/7/12.

日本財団（a）「2013 年度〜 2020 年度収支計算書」（https://www.nippon-foundation.or.jp/who/ disclosure/financials）2021/7/12.

日本財団（b）「2016 年度〜 2020 年度事業報告」（https://www.nippon-foundation.or.jp/who/ disclosure/financials）2021/7/12.

日本私立学校振興・共済事業団編（2020a）『今日の私学財政　令和元年度版 専修学校・各種学校編』

日本私立学校振興・共済事業団編（2020b）『今日の私学財政　令和元年度版 幼稚園・特別支援学校編』

日本私立学校振興・共済事業団編（2021a）『今日の私学財政　令和 2 年度版 高等学校・中学校・小学校編』（CD-ROM 版）

日本私立学校振興・共済事業団編（2021b）『今日の私学財政　令和 2 年度版 大学・短期大学編』

日本赤十字社（a）「Annual Report 2017-2018、2018-2019、2019-2020（平成 29 年度〜令和元年度業務報告書）」（https://www.jrc.or.jp/about/financialresult/）2021/7/12.

日本赤十字社（b）「平成 28 年度〜平成 30 年度一般会計歳入歳出決算書（抜粋）」（https://www. jrc.or.jp/about/financialresult/）2021/7/12.

日本赤十字社（c）「令和元年度〜令和 2 年度一般会計決算書」（https://www.jrc.or.jp/about/ financialresult/）2021/7/12.

日本中央競馬会「国庫納付金」（https://www.jra.go.jp/company/social/treasury/pdf/nouhukin. pdf）2021/7/12.

パチンコ・パチスロ社会貢献機構『社会貢献活動年間報告書（2015 〜 2019）』（https://posc.or.jp/ report/index.html）2021/7/12.

文部科学省高等教育局国立大学法人支援課（2021）「国立大学法人等の決算について〜令和元事業年度〜」（https://www.mext.go.jp/content/20210405-mxt_hojinka-1414829_1.pdf）2012/7/12.

参考文献 02

大阪大学 NPO 研究情報センター（2005 年）「日本の寄付とボランティア【改訂版】」.

国立社会保障・人口問題研究所（2017）「日本の将来推計人口 平成 29 年推計」.

総務省統計局（2014）「平成 26 年全国消費実態調査」

（http://www.stat.go.jp/data/zensho/2014/index.htm）2017/9/30.

総務省統計局（2017）「家計調査年報 平成 28 年」

（http://www.stat.go.jp/data/kakei/index.htm）2017/9/30.

総務省（2021）「ふるさと納税に関する現況調査結果（令和 3 年度実施）」

（https://www.soumu.go.jp/main_sosiki/jichi_zeisei/czaisei/czaisei_seido/furusato/topics/20210730.html）2021/8/2.

中央共同募金会（2006）「共同募金とボランティア活動に関する意識調査＜第 3 次＞」.

中央共同募金会（2021）「令和 2 年度 共同募金統計〔募金実績・募金方法別〕」

（https://www.akaihane.or.jp/wp/wp-content/uploads/c4f0d5f5840ab24496590b4c670cf035.pdf）2021/8/3.

日本赤十字社（2021）「令和 2 年度一般会計決算書」

三菱ＵＦＪリサーチ＆コンサルティング（2007）「非営利サテライト勘定に関する調査研究」.

は

執筆：寄付白書発行研究会

石田　祐（宮城大学事業構想学群教授）：第1章担当

鵜尾　雅隆（認定NPO法人日本ファンドレイジング協会代表理事）：第3章・第5章担当

大坂　紫（株式会社インテージリサーチソーシャル事業推進部研究員）：第1章・付録「2. 寄付とボランティアのマクロ規模の推計方法」「3. 全国寄付実態調査　調査方法」担当

小川　愛（認定NPO法人日本ファンドレイジング協会事務局長）：第2章（一部）担当

岸本　幸子（公益財団法人パブリックリソース財団代表理事・専務理事）：第4章・付録「1. 寄付の流れ―仲介の仕組みと受け手」担当

坂本　治也（関西大学法学部教授）：第1章担当

佐々木　周作（東北学院大学経済学部准教授）：第2章・第1章（一部）担当

藤本　貴子（公益財団法人パブリックリソース財団シニアフェロー）：第4章・付録「1. 寄付の流れ―仲介の仕組みと受け手」担当

大石　俊輔（認定NPO法人日本ファンドレイジング協会寄付市場形成事業担当マネージング・ディレクター）

執筆協力：

中嶋　貴子（大阪商業大学公共学部専任講師）：第4章コラム

渡邉　文隆（京都大学経営管理大学院博士後期課程）：第2章（一部）

株式会社トラストバンク：第2章・第4章コラム

調査協力：

株式会社インテージリサーチ

編者：認定NPO法人日本ファンドレイジング協会

日本ファンドレイジング協会は、2009年に日本全国47都道府県から580人の発起人の賛同を受け、寄付・社会的投資が進む社会の実現を目指して設立されました。民間非営利組織のファンドレイジング（資金集め）に関わる人々と、寄付など社会貢献に関心のある人々のためのNPOとして、認定ファンドレイザー資格制度やファンドレイジング・日本、社会貢献教育、遺贈寄付の推進、寄付白書の発行などに取り組んでいます。

※2010年2月にNPO法人の認証取得、2015年7月に認定NPO法人に認定

https://jfra.jp/

寄付白書2021
— Giving Japan 2021

編者
日本ファンドレイジング協会

発行　令和3年11月30日第1刷

発行者
鵜尾　雅隆

発行所
日本ファンドレイジング協会

〒105-0004　東京都港区新橋5-7-12　ひのき屋ビル7F

電話　[編集] 03-6809-2590　[販売] 03-6809-2590

組版／装丁　Design La・Paul
印刷／製本　中和印刷株式会社